わかりやすい
基礎中国語

鈴木基子
関口　勝
本間直人
光吉さくら

駿河台出版社
SURUGADAI SHUPPANSHA

音声について

本書の音声は、下記サイトより無料でダウンロード、
およびストリーミングでお聴きいただけます。

https://stream.e-surugadai.com/books/isbn978-4-411-03169-3/

＊ご注意
・PCからでも、iPhoneやAndroidのスマートフォンからでも音声を再生いただけます。
・音声は何度でもダウンロード・再生いただくことができます。
・当音声ファイルのデータにかかる著作権・その他の権利は駿河台出版社に帰属します。
　無断での複製・公衆送信・転載は禁止されています。

表紙・本文デザイン　　小熊未央
本文イラスト　　　　　がりぽん（ひろガリ工房）

前書き

　本書は、初めて中国語を学ぶ学生が中国語の基礎力をより効果的に修得できることを目指して書きました。《復習》《会話》《文法》《練習問題》《新出語句》で構成されています。

　編集にあたりまして、中国語の基本構造をわかりやすく表にまとめて、視覚的に系統的に把握できるように工夫し、文法項目には、その〈肯定形〉、〈否定形〉、〈疑問形〉の例文を表示し、初学者が基本文法を容易に習得できるように心がけました。

　《会話文》は覚えてすぐに日常で活用できるように、という考えから、なるべくやさしく、短くしました。

　そのほか《練習問題》は、力試しとして用意したもので、リスニングをとりいれるなど中国語の各種資格試験にも対応できるように工夫しておりますので、用途に合わせてご活用いただければ幸いです。また本書は《会話》《文法》《練習問題》《新出語句》を録音した音声データを準備しました。聴力向上の手助けとなれば幸いです。

　英語だけでなく、国連公用語のひとつで隣国の言語である中国語を学ぶことは、日常生活においても、世界平和のためにも必要なことでしょう。本書で基本を身に付け、ささやかながら草の根の民間交流に役立つことができればうれしく思います。

　なお、本書は1995年4月に駿河台出版社より刊行されました『わかりやすい初級中国語文法』（鈴木達也ほか著）をもとに、鈴木達也先生（元亜細亜大学、筑波大学）のお考えを継承しつつ、執筆しました。2023年度《試行版》を経て、2024年度に《入門篇》と《基礎篇》の分冊となりました。《基礎篇》には練習を多く取り入れました。適宜ご活用下さい。

　本書の執筆にあたり熊進先生（NHK国際放送局アナウンサー、早稲田大学講師）には、全面的なチェックをお願いすると同時に有益なご助言をたくさんいただきました。また2023年版《試行版》を修正するにあたり、本間直人先生（亜細亜大学、日本大学講師）と、光吉さくら先生（駒澤大学、日本大学講師）にも著者に加わっていただきました。梅沢和幸先生（拓殖大学、日本大学講師）からも貴重なアドバイスとご協力をいただきました。イラストはゼミ生の杉本愛莉紗さんにお願いしました。心より感謝申し上げます。

　最後に刊行にあたりまして、駿河台出版社社長上野名保子氏、編集部の浅見忠仁氏には言葉では言い尽くせぬほどお世話になりました。本当にありがとうございました。

2024年　盛夏
著者一同

◆ 目 次 ◆

前書き ……………………………………………………………………………… 3
復習 ………………………………………………………………………………… 6
中国語音節表 …………………………………………………………………… 10

第1課　我会开车 …………………………………………………………… 13
文法
1. 助動詞"会"　2. "能""可以"
3. 副詞"别"「…するな」「…しないで」
4. 接続詞"如果…就"「もし…ならば」
参考　"A 一点儿"と"有点儿 A"

第2課　我正在看电视呢 …………………………………………………… 23
文法
1. 動作の進行、状態の持続の表現"正"／"正在"／"在"
2. 動態助詞"着"
3. "在"と"着"が両方使える場合の意味の相異

第3課　我是坐公共汽车来的 ……………………………………………… 32
文法
1. "是…的"
2. "快要…了"／"快…了"／"要…了"　3. 動態助詞"过"

第4課　我每天八点出门上学 ……………………………………………… 41
文法
1. 存現文　2. 選択疑問文"是…还是"　3. 連動式の文

第5課　我写错了几个汉字 ………………………………………………… 49
文法
1. 結果補語　2. "帮"「手伝う」
3. 動詞と形容詞の重ね型　4. 不定を表す疑問詞
5. "越…越…"「…すればするほど…」
6. 主述文を目的語にとる動詞

第6課　我（唱）歌唱得很好 ……………………………………………… 58
文法
1. 様態補語　2. 副詞"还"／"就"／"才"

第7課　我带手机来了 ……………………………………………………… 67
文法
1. 単純方向補語　2. 複合方向補語　3. 方向補語の派生義

第8課　歌词，听得懂吗？ … 76
文法　1 可能補語

第9課　纽约的冬天比东京更冷 … 84
文法　1 前置詞 "比" を用いる比較表現　2 類似・同一を表す "跟／和…一样"
3 "有" を用いる比較表現

第10課　我已经把课本下载下来了 … 92
文法　1 "把" 構文 Ⅰ類　2 "把" 構文 Ⅱ類　3 反語の言い方　**参考語句**

第11課　周先生被派到东南亚工作 … 99
文法　1 受け身の表現　**参考** 兼語文（使役の表現）

第12課　你想吃什么，我就给你做什么 … 108
文法　1 疑問詞の呼応表現　2 疑問詞の特殊用法
3 100以上の数の言い方　4 小数点の言い方
5 パーセントの言い方　6 加減乗除の言い方
7 前置詞の用法："给"「…に」　**参考** 動詞の "给"

第13課　既然咱们都有具体的目标，就好好儿努力 … 115
文法　1 "既然…，就…"　2 "只要…，就…" "只有…，才…"
参考 "就是…，也…" "即使…，也…"
参考 "不但…，而且…"

第14課　我一边学英语，一边学经营 … 123
文法　1 "虽然…，但是…"　2 "除了…以外，还，也，都"
3 "如果…" "要是…的话，就…"
4 "一边…，一边…"
参考 "一…，就…"　**参考** "连…也（都）"
参考 "与其…，不如…"

付録 … 132

語彙コラム
1 色彩について　2 文房具について　3 スポーツについて
4 身体名称について　5 家電・家具について

語彙索引 … 136

復習 『わかりやすい入門中国語』の復習

1 自己紹介

A：你 叫 什么 名字？

B：我 叫＿＿＿＿＿＿＿＿＿＿＿＿＿＿＿＿＿＿。

A：你 的 生日 几 月 几 号？

B：我 的 生日＿＿＿＿＿＿＿＿＿＿＿＿＿＿＿＿＿＿。

2 指示代名詞
日本語の意味に沿って並べ替えなさい。ピンインは簡体字に直すこと。

❶ これは何ですか。
   什么　　zhè　　是　　?

❷ あれはわたしの本です。
   是　　我　　shū　　的　　nà

❸ 日曜日、あなたはどこに行きますか。
   qù　　星期天　　?　　nǎr　　你

❹ そこは食堂です。
   是　　这里　　shítáng

❺ あなたの携帯電話はどれですか。
   nǐ　　的　　是　　nǎge　　手机　　?

3 疑問詞
（　　　）に入るものを下から選び、全体を日本語に訳しなさい。
ピンインは簡体字に直すこと。

❶ 这个（　　　）钱？

❷ 那个人是（　　　）？

❸ 今天 天气（　　　）？

❹ 去 火车站（　　　）走？

❺ 这 是（　　　）？

| shénme | shéi | zěnme | zěnmeyàng | duōshao |

4 動詞の活用
「行く」という意味の動詞を使ってそれぞれ活用させなさい。

❶ 図書館へ行く。

❷ 図書館へ行った。

❸ 図書館へ行かない。

❹ 図書館へ行かなかった。

❺ 図書館へ行きたい。

❻ 図書館へ行きたくない。

❼ 図書館へ行かなければならない。

❽ 図書館へ行く必要がない。

5 形容詞の活用

形容詞"好"を使ってそれぞれ活用させなさい。

❶ 天気が良い。　_____

❷ 天気がとても良い。　_____

❸ 天気があまり良くない。　_____

❹ 天気が良くない。　_____

❺ 天気が良いですか。　_____

6 前置詞

（　）に入るものを下から選び、全体を日本語に訳しなさい。
ピンインは簡体字に直すこと。

❶ 你（　　　）哪儿 学习？

_____

❷ 他（　　　）我们 一起 吃 午饭 吗？

_____

❸ 洗手间 一直（　　　）前 走，就 到。

_____

❹ 星期天 我（　　　）早上 十点 到 晚上 五点 打工。

_____

❺ 邮局（　　　）车站 不 太 远。

_____

| cóng | zài | gēn | lí | wǎng |

7 地図を参照しながら、（ 1 ）～（ 3 ）に適切な語を入れなさい。また、下線部（A）、（B）を日本語に訳しなさい。

　这里有一张地图。我们学校离车站很近，走路十分钟就到。学校附近有一家咖啡厅，叫罗三。(A)我喜欢那家店，因为那家的咖啡很好喝。（ 1 ）在学校西边，从学校到（ 1 ）走路要两分钟。中午我和朋友在那儿吃午饭。

　（ 2 ）在学校南边。星期二和星期四，我下课后去（ 2 ）做作业。(B)车站北边有（ 3 ），我每个星期六在那儿打五个小时工。（每个：毎、いずれの）

　　Zhèrli yǒu yì zhāng dìtú。Wǒmen xuéxiào lí chēzhàn hěn jìn, zǒu lù shí fēnzhōng jiù dào。Xuéxiào fùjìn yǒu yì jiā kāfēitīng, jiao Luósān。Wǒ xǐhuan nà jiā diàn, yīnwèi nà jiā de kāfēi hěn hǎo hē。（ 1 ）zài xuéxiào xībian, cóng xuéxiào dào（ 1 ）zǒu lù yào liǎng fēn zhōng。Zhōngwǔ wǒ hé péngyou zài nàr chī wǔfàn。（ 2 ）zài xuéxiào nánbian。Xīngqī'èr hé xiāngqī sì, wǒ xià kè hòu qù（ 2 ）zuò zuòyè。Chēzhàn běibian yǒu（ 3), wǒ měige xingqī liù zài nàr dǎ wǔge xiǎo shí gōng。

A _____

B _____

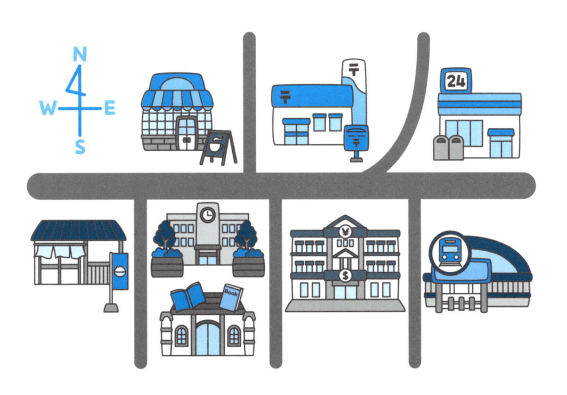

中国語音節表

声母(頭子音)がつかない場合の表記法 →

声母(子音) \ 韻母(母音)			①(介音なし)												
			a	o	e	ê	er	-i	ai	ei	ao	ou	an	en	ang	eng	ong
			[A]	[o]	[ɤ]	[ɛ]	[ə]	[ɿ] [ʅ]	[ai]	[ei]	[ɑu]	[ou]	[an]	[ən]	[ɑŋ]	[əŋ]	[uŋ]
ゼロ声母			a	o	e	ê	er (-r)		ai	ei	ao	ou	an	en	ang	eng	
唇音	両唇音	b [p]	ba	bo					bai	bei	bao		ban	ben	bang	beng	
		p [p']	pa	po					pai	pei	pao	pou	pan	pen	pang	peng	
		m [m]	ma	mo	me				mai	mei	mao	mou	man	men	mang	meng	
	唇歯音	f [f]	fa	fo						fei		fou	fan	fen	fang	feng	
舌尖音		d [t]	da		de				dai	dei	dao	dou	dan	den	dang	deng	dong
		t [t']	ta		te				tai		tao	tou	tan		tang	teng	tong
		n [n]	na		ne				nai	nei	nao	nou	nan	nen	nang	neng	nong
		l [l]	la	lo	le				lai	lei	lao	lou	lan		lang	leng	long
舌根音		g [k]	ga		ge				gai	gei	gao	gou	gan	gen	gang	geng	gong
		k [k']	ka		ke				kai	kei	kao	kou	kan	ken	kang	keng	kong
		h [x]	ha		he				hai	hei	hao	hou	han	hen	hang	heng	hong
舌面音		j [tɕ]															
		q [tɕ']															
		x [ɕ]															
捲舌音		zh [tʂ]	zha		zhe			zhi	zhai	zhei	zhao	zhou	zhan	zhen	zhang	zheng	zhong
		ch [tʂ']	cha		che			chi	chai		chao	chou	chan	chen	chang	cheng	chong
		sh [ʂ]	sha		she			shi	shai	shei	shao	shou	shan	shen	shang	sheng	
		r [ʐ]			re			ri			rao	rou	ran	ren	rang	reng	rong
舌歯音		z [ts]	za		ze			zi	zai	zei	zao	zou	zan	zen	zang	zeng	zong
		c [ts']	ca		ce			ci	cai		cao	cou	can	cen	cang	ceng	cong
		s [s]	sa		se			si	sai		sao	sou	san	sen	sang	seng	song

↑ 単母音のiと異なる点に注意

nとngとの違いに注意

10

中国語音節表

声母(子音) \ 韻母(母音)	②（介音 i）								
	i	ia	ie	iao	iou -iu	ian	in	iang	ing	iong
	[i]	[ia]	[iε]	[iɑu]	[iᵒu]	[iεn]	[in]	[iɑŋ]	[iŋ]	[yuŋ]
ゼロ声母	yi	ya	ye	yao	you	yan	yin	yang	ying	yong
両唇音 b [p]	bi		bie	biao		bian	bin		bing	
両唇音 p [p']	pi		pie	piao		pian	pin		ping	
両唇音 m [m]	mi		mie	miao	miu	mian	min		ming	
唇歯音 f [f]										
舌尖音 d [t]	di	dia	die	diao	diu	dian			ding	
舌尖音 t [t']	ti		tie	tiao		tian			ting	
舌尖音 n [n]	ni		nie	niao	niu	nian	nin	niang	ning	
舌尖音 l [l]	li	lia	lie	liao	liu	lian	lin	liang	ling	
舌根音 g [k]										
舌根音 k [k']										
舌根音 h [x]										
舌面音 j [tɕ]	ji	jia	jie	jiao	jiu	jian	jin	jiang	jing	jiong
舌面音 q [tɕ']	qi	qia	qie	qiao	qiu	qian	qin	qiang	qing	qiong
舌面音 x [ɕ]	xi	xia	xie	xiao	xiu	xian	xin	xiang	xing	xiong
捲舌音 zh [tʂ]										
捲舌音 ch [tʂ']										
捲舌音 sh [ʂ]										
捲舌音 r [ʐ]										
舌歯音 z [ts]										
舌歯音 c [ts']										
舌歯音 s [s]										

声母（頭子音）がつかない場合の表記法

消える o に注意

a の発音に注意

中国語音節表

声母(子音) \ 韻母(母音)			③(介音 u)								④(介音 ü)			
			u	ua	uo	uai	uei -ui	uan	uen -un	uang	ueng	ü	üe	üan	ün
			[u]	[ua]	[uo]	[uai]	[uᵒn]	[uan]	[uᵒn]	[uɑŋ]	[uəŋ]	[y]	[yɛ]	[yan]	[yn]
ゼロ声母			wu	wa	wo	wai	wei	wan	wen	wang	weng	yu	yue	yuan	yun
唇音	両唇音	b [p]	bu												
		p [p‘]	pu												
		m [m]	mu												
	唇歯音	f [f]	fu												
舌尖音		d [t]	du		duo		dui	duan	dun						
		t [t‘]	tu		tuo		tui	tuan	tun						
		n [n]	nu		nuo			nuan				nü	nüe		
		l [l]	lu		luo			luan	lun			lü	lüe		
舌根音		g [k]	gu	gua	guo	guai	gui	guan	gun	guang					
		k [k‘]	ku	kua	kuo	kuai	kui	kuan	kun	kuang					
		h [x]	hu	hua	huo	huai	hui	huan	hun	huang					
舌面音		j [tɕ]										ju	jue	juan	jun
		q [tɕ‘]										qu	que	quan	qun
		x [ɕ]										xu	xue	xuan	xun
捲舌音		zh [tʂ]	zhu	zhua	zhuo	zhuai	zhui	zhuan	zhun	zhuang					
		ch [tʂ‘]	chu	chua	chuo	chuai	chui	chuan	chun	chuang					
		sh [ʂ]	shu	shua	shuo	shuai	shui	shuan	shun	shuang					
		r [ʐ]	ru	rua	ruo		rui	ruan	run						
舌歯音		z [ts]	zu		zuo		zui	zuan	zun						
		c [ts‘]	cu		cuo		cui	cuan	cun						
		s [s]	su		suo		sui	suan	sun						

声母(頭子音)がつかない場合の表記法

üの‥省略

消えるeに注意

消えるeに注意

消えるüの点に注意

第 1 課

我会开车
Wǒ huì kāichē

学習ポイント
①助動詞"会"、"能"、"可以"
②禁止の表現
③仮定の表現
④"一点儿"と"有点儿"

会話 🎧 001

A：你 会 开车 吗？
　　Nǐ huì kāichē ma?

B：会。
　　Huì.

A：我 可 不 可以 坐 你 的 车？
　　Wǒ kě bu kěyǐ zuò nǐ de chē?

B：当然 可以。如果 你 不 怕 死，欢迎 欢迎。（笑）
　　Dāngrán kěyǐ. Rúguǒ nǐ bú pà sǐ, huānyíng huānyíng. (xiào)

A：别 开 玩笑。你 能 开车 带 我 去 海边 吗？
　　Bié kāi wánxiào. Nǐ néng kāichē dài wǒ qù hǎibiān ma?

B：没 问题。不过，有点儿 远。
　　Méi wèntí. Búguò, yǒudiǎnr yuǎn.

簡体字と繁体字

会（會）开（開）车（車）当（當）以（以）欢（歡）迎（迎）别（別）
玩（玩）带（帶）边（邊）问（問）题（題）过（過）点（點）远（遠）

13

助動詞 "会" (huì)

1. 訓練や練習を通して動作や技術ができるようになった場合。「…ができる」。
2. 可能性があることを表し、「…のはずだ」。
3. 「…するのが上手だ」。

（1）肯定形

主語	副詞	助動詞	述語
Wǒ 我	*	huì 会	kāichē. 开车。
Tā 她	*	huì 会	shuō Yīngwén. 说 英文。
Jīntiān xiàwǔ 今天 下午	*	huì 会	xià dàyǔ. 下 大雨。
Tā 她	zhēn 真	huì 会	mǎi dōngxi. 买 东西。
Tā 他	hěn 很	huì 会	shuō huà. 说 话。

（2）否定形

主語	否定詞	助動詞	述語
Tā 他	bú 不	huì 会	shuō Xībānyáyǔ. 说 西班牙语。
Jīntiān shàngwǔ 今天 上午	bú 不	huì 会	dǎ léi xià yǔ. 打 雷 下 雨。
Tā 他	bú 不	huì 会	guò rìzi. 过 日子。

★「、」は並列を表し、顿号 (dùn hào) と言う。

（3）疑問形

主語	助動詞	述語
Nǐ 你	huì 会	tán gāngqín ma? 弹 钢琴 吗？
Nǐ 你	huì 会	yóuyǒng ma? 游泳 吗？
Nǐ 你	huì bu huì 会 不 会	dǎ Zhōngwén? 打 中文？

2 "能"(néng) "可以"(kěyǐ)

（1）肯定形
1. 能力があってできる。
2. 条件が整っていてできる。
3. 周囲の事情からみて許される。

主語	助動詞	述語
Wǒ 我	néng 能	kàn Zhōngwén zázhì. 看 中文 杂志。
Wǒmen 我们	néng 能	yíkuàir qù. 一块儿 去。
Tā 她	kěyǐ 可以	cānjiā míngtiān de wǔhuì. 参加 明天 的 舞会。
Wǒ 我	kěyǐ 可以	jiǎn tóufa. 剪 头发。

（2）否定形

主語	否定詞	助動詞	述語
Tā 她	bù 不	néng 能	kàn Zhōngwén xiǎoshuō. 看 中文 小说。
Túshūguǎn li 图书馆 里	bù 不	néng 能	chī dōngxi. 吃 东西。
Zhèr 这儿	bù 不	néng 能	tíngchē. 停车。

★禁止の意味を表すには、ふつう "bù néng 不 能" を使う。"bù kěyǐ 不 可以" を用いても良い。

Bù kěyǐ chūmén.
不 可以 出门。（外出禁止です。）

（3）疑問形

主語	助動詞	述語
Nǐ 你	néng 能	gēn wǒ yìqǐ zhàoxiàng ma? 跟 我 一起 照相 吗？
Nǐ 你	kěyǐ 可以	pāi shìpín ma? 拍 视频 吗？
Nǐ 你	néng bu néng 能 不 能	jiāo wǒ? 教 我？
Zhèr 这儿	kě yǐ bu kěyǐ 可（以）不 可以	zuò? 坐？
Zhèr 这儿	kěyǐ bu kěyǐ 可以 不 可以	pāizhào? 拍照？

3　副詞"别"（bié）「…するな」「…しないで」と禁止の意味を表す。　🎧004

副詞	述語
Bié 别	chōuyān. 抽烟。
Bié 别	hē jiǔ. 喝 酒。
Búyào 不要	pāizhào. 拍照。
Búyào 不要	shuōhuà. 说话。

4　接続詞"如果…就"（rúguǒ…jiù）「もし…ならば」と仮定の意味を表す。　🎧005

	述部	主語	述部
Rúguǒ 如果	nǐ qù, 你 去，	wǒ 我	jiù bú qù. 就 不 去。
Rúguǒ 如果	táifēng lái le, 台风 来 了，	※	jiù bié chūmén. 就 别 出门。

参考 "A 一点儿"(yìdiǎnr) と "有点儿 A"(yǒudiǎnr) 006

★<ruby>冷<rt>lěng</rt></ruby> <ruby>一点儿<rt>yìdiǎn</rt></ruby>、<ruby>有点儿<rt>yǒudiǎn</rt></ruby> <ruby>冷<rt>lěng</rt></ruby>「少し寒い」
<ruby>冷<rt>lěng</rt></ruby> <ruby>一点儿<rt>yìdiǎn</rt></ruby>(昨日に比べて)と言外に比較の意味が含まれる。
<ruby>有点儿<rt>yǒudiǎn</rt></ruby> <ruby>冷<rt>lěng</rt></ruby>(好ましくない、困る、ありがたくない)とマイナスの意味が含まれる。

★"<ruby>有点儿<rt>yǒudiǎn</rt></ruby>"は、消極的、否定的、マイナスの意味合いの動詞・形容詞に用いられる。

> Tā hái méi lái, wǒ yǒudiǎnr zháojí le.
> 他 还 没 来, 我 有点儿 着急 了。
> Zhège cài, yǒudiǎnr là.
> 这个 菜, 有点儿 辣。
>
> Nàge fángjiān yǒudiǎnr xiǎo.
> 那个 房间 有点儿 小。
> Zhège fángjiān xiǎo yìdiǎnr.
> 这个 房间 小 一点儿。

> Zhè shuāng xié yǒudiǎnr xiǎo, méiyǒu dà yìdiǎnr de ma?
> 这 双 鞋 有点儿 小,没有 大 一点儿 的 吗?
> Zuótiān yǒudiǎnr bù shūfu. Jīntiān shēntǐ hǎo yìdiǎnr le.
> 昨天 有点儿 不 舒服。今天 身体 好 一点儿 了。

开 夜车
kāi yèchē

練習 1

I 日本語に訳しましょう。

❶ 你会开车吗？ 对，我会开车。

❷ 她会说汉语吗？ 对，她会说汉语。

❸ 你会用Power Point吗？ 不，我不会用Power Point。

❹ 图书馆里不能吃东西。

❺ 不要吸烟。

❻ 我会用Excel。他不会用Excel。

II 音声を聴いてピンインに四声符号をつけ、漢字（簡体字）で書きとりましょう。 🎧 007

❶ Ni hui bu hui youyong ?

❷ Shang ke shi, bu keyi shui jiao.

❸ Xianzai de Zhongguo daxuesheng keyi dagong.

❹ Wo bu hui shuo Fayu, danshi hen xiang qu Faguo.（但是：しかし、でも）
（法语：フランス語）（法国：フランス）

❺ Jintian xiawu, xueshengmen hui lai, laoshi bu hui lai.

❻ Wo jintian youdianr lei.（累：疲れる）

❼ Zhei ge shubao xiao yidianr.

Ⅲ （　　　）に入れるのに最も適した語を以下A～Fから一つずつ選び、文を完成させ、日本語に訳しましょう。

A 如果　　B 能　　C 可以　　D 别　　E 有点儿　　F 一点儿

❶ 你（　　　）游 五百米？（游：泳ぐ）（米：メートル）

❷ 我（　　　）照相 吗？

❸ 那家店 的 菜 很 好吃，不过（　　　）贵。

❹ 上课 时（　　　）睡觉。

❺ 我 会 说（　　　）汉语。

❻ （　　　）他 明天 来，我 就 去 机场 接 他。（接：出迎える）

Ⅳ 正しい語順になるように並べ替えましょう。

❶ 安心してください。この問題は解決することができます。
（安心する：放心）（問題：问题）（解決する：解决）
（放心，请）（解决，这个问题，能）

❷ 電車の中で電話をかけてはいけません。（電車：电车）（…してはいけない：不可以）
（电车里，打 电话，不可以）

❸ 授業中は電子ゲームで遊ぶべきではありません。
（電子ゲーム：电子游戏）（遊ぶ：玩儿）
（上课时，电子游戏，玩儿，要，不 可以）

❹ 今日は少し頭が痛いです。午後もしかしたら少し良くなるかもしれません。
（頭が痛い：头疼）（もしかしたら：也许）
（头疼，有点儿，今天）（下午，也许，会，好一点儿）

❺ あなたは明日のコンサートに参加できます。私は明後日に試験があるので、参加できません。（参加する：参加）（コンサート：音乐会）（試験：考试）
（参加，可以，你，明天的音乐会）（考试，有，后天，我，参加，不能）

❻ 明日はハルピンは雪が降るはずです。でも広州は降るはずがありません。
（ハルピン：哈尔滨）（雪が降る：下雪）（広州：广州）
（下雪，明天，哈尔滨，会）（广州，下，不会，但是）

新出語句

会話

huì 会 [助動] 1．…できる。(学習して修得した技術)ができる。2．…のはずである。3．…の可能性がある。[動] 1．できる。2．会う。⇔ 不会

kāi / chē 开车　車を運転する。

kěyǐ 可以 [動] 大丈夫。よろしい。悪くない。[助動] …できる。…してかまわない。(許容範囲にある)

zuò 坐 [動] 1．乗る。2．座る。腰掛ける。

dāngrán 当然 [副] もちろん。当然。

rúguǒ 如果 [接] もし…ならば。

pà 怕 [動] 恐れる。恐怖を感じる。怖がる。心配する。

sǐ 死　(動詞の後ろにつく補語) 程度が甚だしいこと。

pà sǐ 怕死　死ぬのが怖い。死ぬのを恐れる。

huānyíng 欢迎 [動] 歓迎する。[名] 歓迎。

bié 别 [副] …するな。…してはいけない。禁止を表す。[代] ほかの。別の。

kāi wánxiào 开玩笑　冗談を言う。

néng 能 [助動] …できる。(能力・可能性を表す) 能力・条件・周囲の事情からみて許容される。[動] できる。

dài 带 [動] 連れる。携帯する。持つ。

hǎibiān 海边 [名] 海辺。

méi wèntí 没问题　問題がない。

búguò 不过 [接] しかし。でも。ただし。

yǒudiǎnr 有点儿 [副] 少し。ちょっと。(好ましくないことにマイナスの意味に多く用いる)

yuǎn 远 [形] 遠い。

文法

Yīngwén 英文 [名] 英語。英文。

xià dàyǔ 下大雨　大雨が降る。

zhēn 真 [副] 本当に。真に。

shuō / huà 说话 [動] 話す。しゃべる。

Xībānyáyǔ 西班牙语 [名] スペイン語。

dǎ / léi 打雷 [動] 雷が鳴る。

xià / yǔ 下雨 [動] 雨が降る。

guò 过 [動] 過ごす。過ぎる。[助] …したことがある (過去の経験を表す)、第3課参照。

rìzi 日子 [名] 暮らし。生活。

guò rìzi 过日子　生活する。日々やりくりする。日常を過ごす。

tán 弹 [動] (楽器を) 弾く。

gāngqín 钢琴 [名] ピアノ。

tán gāngqín 弹钢琴　ピアノを弾く。

yóu / yǒng 游泳 [動] 泳ぐ。水泳をする。[名] 泳ぎ。水泳。

Zhōngwén 中文 [名] 中国語。中国文学。

zázhì 杂志 [名] 雑誌。

yíkuàir 一块儿 [副] いっしょに。

wǔhuì 舞会 [名] ダンスパーティー。

jiǎn 剪 [動] 切る。

tóufa 头发 [名] 髪。

xiǎoshuō 小说 [名] 小説。ノベル。

tíng / chē 停车 [動] 停車する。車を停める。

chū / mén 出门 [動] 外出する。出かける。

yìqǐ 一起 [副] 一緒に。="一块儿"

zhào / xiàng 照相 [動] 写真を撮る。

pāi 拍 [動] 撮影する。撮る。録画する。

shìpín 视频 [名] 動画。ビデオ。

jiāo 教 [動] 教える。

pāi / zhào 拍照 [動] 写真を撮る。

chōu / yān 抽烟 [動] 煙草を吸う。

21

hē jiǔ 喝酒　酒を飲む。
táifēng 台风　[名]台風。
yìdiǎnr 一点儿　[数量]少し。ちょっと。
zháo/jí 着急　[動]慌てる。焦る。心配する。

là 辣　[形]疲れる。
bù shūfu 不舒服　具合が悪い。体調が悪い。
shēntǐ 身体　[名]体。身体。

 練習
 010

bú huì 不会　[動][助動]1. …できない。2. …するはずがない。
xī/yān 吸烟　[動]タバコを吸う。
Fǎyǔ 法语　[名]フランス語。
Fǎguó 法国　[名]フランス。
dànshì 但是　[接]しかし、でも。
lèi 累　[形]疲れる。
yóu 游　[動]泳ぐ。
mǐ 米　[助数]メートル。m。
jiē 接　[動]出迎える。
fàng/xīn 放心　[動]安心する。
wèntí 问题　[名]問題。質問。事故。
jiějué 解决　[動]解決する。
diànchē 电车　[名]電車。
bù kěyǐ 不可以　[動][助動]…することができない。…できない。…することを許さない。…してはいけない。

wánr 玩儿　[動]遊ぶ。
diànzǐ yóuxì 电子游戏　[名]テレビや携帯電話で遊ぶゲーム。テレビゲーム。
tóuténg 头疼　頭が痛い。
yěxǔ 也许　[副]もしかしたら…かもしれない。
cānjiā 参加　[動]参加する。
yīnyuèhuì 音乐会　[名]音楽会。コンサート。
kǎoshì 考试　[名]試験。テスト。
xiàxuě 下雪　[動]雪が降る。
Hā'ěrbīn 哈尔滨　[名]ハルビン（黒竜江省）。
Guǎngzhōu 广州　[名]広州（広東省）。

第 2 課

Wǒ zhèngzài kàn diànshì ne
我 正在 看 电视 呢

学習ポイント ①動作の進行を表す副詞 "正"、"正在"、"在"
②動作の進行・状態の持続を表す助詞 "着"

会 話 011

Nǐ zài zuò shénme?
A：你 在 做 什么？

Wǒ zhèngzài kàn diànshì ne.
B：我 正在 看 电视 呢。

Wǒmen yìqǐ chūmén, zěnmeyàng?
A：我们 一起 出门，怎么样？

Hǎo a. Wǒ yào huàn yīfu, chuān qúnzi chūqu.
B：好 啊。我 要 换 衣服，穿 裙子 出去。

Wǒ zài kàn diànshì, děngzhe nǐ ne.
A：我 在 看 电视，等着 你 呢。

Wǒ de yǎnjìng ne À, wǒ dàizhe ne.
B：我 的 眼镜 呢………啊，我 戴着 呢。

Nǐ ya, zhēn hútu, dàizhe yǎnjìng zhǎo yǎnjìng.
A：你 呀，真 糊涂，戴着 眼镜 找 眼镜。

xiān jiàn zhī míng
先见之明

簡体字と繁体字

电（電）视（視）起（起）门（門）换（換）镜（鏡）涂（塗）

23

文法

1　動作の進行、状態の持続の表現　"正"(zhèng)／"正在"(zhèngzài)／"在"(zài) 012

動作の進行を表す。「…している、ちょうど…しているところである」

（1）副詞 "正"(zhèng) 肯定形
　　動詞・形容詞の前に置く。"正"(zhèng)は動作の時間に重点がある。

主語	副詞	動詞・形容詞	動態助詞	目的語	語気助詞
Tā 她	zhèng 正	shàng 上	zhe 着	kè 课	ne. 呢。
Wǒmen 我们	zhèng 正	duànliàn 锻炼	zhe （着）	shēntǐ 身体	ne. （呢）。

★単音節の動詞・形容詞は、必ず持続を表す"着"(zhe)を併用する。
　二音節の場合は、用いなくても良い。

（2）副詞 "在"(zài)、"正在"(zhèngzài) 肯定形
　　動詞・形容詞の前に置く。"在"は状態を指すことに重点がある。

主語	副詞	動詞・形容詞	目的語	語気助詞
Tāmen 他们	zài 在	kāi 开	huì. 会。	
Wǒ 我	zhèngzài 正在	kàn 看	tiānqì yùbào 天气 预报	ne. 呢。

★持続性・反復性のある動詞に用い、瞬間動詞には用いられない。

（3）否定形
　　"正"(zhèng)"在"(zài)"正在"(zhèngzài)を用いた文の否定形は下記のように言う。

主語	否定詞	動詞	目的語	語気助詞
Tā 她	méi 没	tīng 听	xīnwén 新闻	ne. 呢。
Wǒ 我	méi 没	kàn 看	píngbǎn diànnǎo 平板 电脑	ne. 呢。
Tā 他	méi 没	pāi 拍	shìpín. 视频。	＊
Tāmen 她们	méi 没	shàng 上	wǎng. 网。	＊

24

（4）疑問形

主語	副詞	動詞・形容詞	目的語	疑問詞
Tā 他	zhèngzài 正在	wánr 玩儿	diànzǐ yóuxì 电子 游戏	ma? 吗？
Nǐmen 你们	zài 在	zuò 做	shénme? 什么？	*

2　動態助詞 "着"（zhe）

動詞、形容詞の後ろにおき、動作の進行・状態の持続を表す。

（1）動作の進行を表す場合

主語	動詞	動態助詞	目的語	語気助詞
Wǒ 我	chī 吃	zhe 着	wǎnfàn 晚饭	ne. （呢）。
Tā 她	huà 画	zhe 着	huàr 画儿	ne. （呢）。

（2）状態の持続を表す場合

★持続性のない、瞬時に動作が完了する動詞に用いる。
"zhèng 正""zhèngzài 正在""zài 在"は用いられない。

主語	動詞	動態助詞	目的語	語気助詞
Tā 她	dài 戴	zhe 着	yǐnxíng yǎnjìng 隐形 眼镜	ne. （呢）。
Háizi 孩子	xiě 写	zhe 着	Hànzì 汉字	ne. （呢）。

（3）否定形

主語	否定詞	動詞	動態助詞	目的語
Wǒ 我	méi you 没（有）	dài 戴	zhe 着	shǒubiǎo. 手表。
Mén 门	méi you 没（有）	kāi 开	zhe. 着。	*

★（2）の状態の持続を表す場合、"着"は省略できない。

25

（4）疑問形

主語	副詞	動詞	動態助詞	目的語	語気助詞
Nǐ 你	*	dài 戴	zhe 着	ěrjī 耳机	ma? 吗？
Chuānghu 窗户	*	kāi 开	zhe 着	*	ma? 吗？
Tā 他	zài 在	dǎ 打	*	diànhuà 电话	ma? 吗？

3　"在"と"着"が両方使える場合の意味の相異　　🎧014

Wǒ zài dài yǎnjìng.
我 在 戴 眼镜。私はメガネをかけています。（動作の瞬間、かけているところ）

Wǒ dàizhe yǎnjìng.
我 戴着 眼镜。私はメガネをかけています。（状態の持続、ずっとかけている）

Tā zài dài ěrhuán ne.
她 在 戴 耳环 呢。彼女はピアスをつけています。（動作の瞬間、つけているところ）

Tā dàizhe ěrhuán ne.
她 戴着 耳环 呢。彼女はピアスをつけています。（状態の持続、ずっとつけている）

Tā zhèngzài chuān yīfu.
她 正在 穿 衣服。彼女はちょうど服を着ているところです。（動作の進行を表す。服を着る動作をしている最中である。着ているところ）

Tā chuānzhe yí jiàn hóng yīfu.
她 穿着 一 件 红 衣服。彼女は赤い服を着ています。（状態の持続、ずっと着ている）

練習 2

I 日本語に訳しましょう。

① 我 正在 看 电影 呢。

② 她 穿着 蓝色 的 毛衣。（蓝色：青）

③ 他 在 玩儿 电子 游戏 呢。

④ 你 要 做 什么？ 我 要 睡觉。

⑤ 你 在 画 什么？ 我 在 画 漫画。（漫画：漫画）

⑥ 我 正在 上网 呢。

II 音声を聴いてピンインに四声符号をつけ、漢字（簡体字）で書きとりましょう。 🎧 015

① Tamen zai zuo zuoye ne.（作业：宿題）

② Zhe ben shu bu shi ni de, shu shang xiezhe ta de mingzi.（这本书：この本）

③ Nage xiaohair baozhe yi tiao gou.（小孩儿：子供）（抱：抱く）（条：…匹）（狗：犬）

④ Gege zai da majiang.（打麻将：麻雀をする）

❺ Kerenmen zhengzai keting li dengzhe ni ne.（客人：お客さん）（客厅：応接間）

Ⅲ イラストから想像し、以下の動詞、動詞句を組み合わせて"正在"、"着"を用いた文を作ってみましょう。

上课 / 做作业 / 唱歌 / 开车 / 挂中国画 / 放书包 / 包饺子

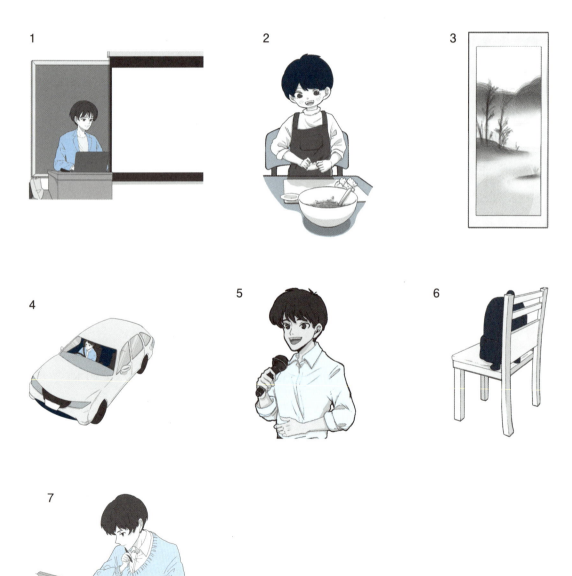

★3（墙上…：壁に）は第4課（P42）の存現文を参考にしてください。

Ⅳ 正しい語順になるように並べ替えましょう。

❶ 彼女は手に一輪の花を持っています。（手の中：手里）（一輪の花：一朵花）
（一朵花，手里，她，拿着）

❷ 中国は経済危機に直面しています。（経済危機：经济危机）（直面する：面临）
（经济危机，中国，着，面临）

❸ 楊さんと王さんは、ちょうど話しているところです。（楊さん：老杨）（王さん：老王）
（说话，正在，老杨和老王）

❹ 昨日、私が彼に電話をかけた時、あなたは何をしていましたか？
（私は彼に…する：我给他）（…の時：…的时候）
（昨天，时候，的，打电话，我给他，？／什么，做，在，你）

❺ 彼は携帯でビデオ撮影をしています。（ビデオ：视频）
（视频，着，拍，手机，用，他，呢）

❻ 窓が開いていて、部屋が寒いです。
（着，窗户，开）（很冷，房间）

新出語句

会話 016

zài 在 [副]…している。（動詞の前に置いて動作の進行を表す）[動] 存在する。ある。…にいる。[前]…に。…で。

zhèngzài 正在 [副] ちょうど…している。

zěnmeyàng 怎么样 [代] どのようですか。どうですか。

huàn yīfu 换衣服 洋服を換える。洋服を着替える。

chuān 穿 [動] 着る。はく。

qúnzi 裙子 [名] スカート。

děng 等 [動] 待つ。

zhe 着 [助]…している。動作の進行・状態の持続を表す。

dài 戴 [動] 1. 付ける。身に着ける。携帯する。2. かぶる。のせる。

yǎnjìng 眼镜 [名] メガネ。眼鏡。

hútu 糊涂 [形] わけがわからない。愚かである。頭が混乱している。ぼんやりしている。

zhǎo 找 [動] 1. 探す。2. 訪ねる。探しに行く。

文法 017

zhèng 正 [副] まさに。ちょうど。

duànliàn 锻炼 [動] 鍛錬する。鍛える。トレーニングする。

kāi / huì 开会 会議を開く。

tiānqì yùbào 天气预报 [名] 天気予報。

xīnwén 新闻 [名] 1. ニュース。報道記事。2. ニューストピック。

tīng xīnwén 听新闻 ニュースを聞く。

píngbǎn diànnǎo 平板电脑 [名] タブレット。

shàng / wǎng 上网 [動] インターネットに接続する。ネットにアクセスする。

wǎnfàn 晚饭 [名] 夕御飯。晩御飯。

huà 画 [動] 描く。

huàr 画儿 [名] 絵。絵画。

huà huàr 画画儿 絵を描く。

yǐnxíng yǎnjìng 隐形眼镜 [名] コンタクトレンズ。

Hànzì 汉字 [名] 漢字。

mén 门 [名] 出入口。ドア。門。戸。

kāi 开 [動] 1. スイッチを入れる。つける。2. 開ける。開く。⇔ 关

guān 关 [動] 1. スイッチを消す。2. 閉じる。⇔ 开 参考

ěrjī 耳机 [名] イヤフォン。イヤホン。

chuānghu 窗户 [名] 窓。

ěrhuán 耳环 [名] ピアス。イヤリング。耳飾り。

hóng 红 [形] 赤い。

yīfu 衣服 [名] 洋服。衣服。

018

lánsè 蓝色 [名] 青。[形] 青い。藍色の。

máoyī 毛衣 [名] セーター。

mànhuà 漫画 [名] 漫画。

zuòyè 作业 [名] 宿題。[動] 作業をする。

zhè běn shū 这本书 この本。この（一冊）の書籍。

shū 书 [名] 本。書籍。

xiǎoháir 小孩儿 [名] 子ども。

bào 抱 [動] 抱く。

tiáo 条 [助数]…匹。（犬や細長いものを数

える)

gǒu 狗　[名] 犬。

gēge 哥哥　[名] 兄。

dǎ májiàng 打麻将　麻雀をする。

kèren 客人　[名] お客さん。

kètīng 客厅　[名] 客間。応接間。

kàn / shū 看书　勉強する。本を読む。

chàng / gē 唱歌　歌を歌う。

guà Zhōngguóhuà 挂中国画　中国画を掛ける。

fàng shūbāo 放书包　カバンを置く。

bāo jiǎozi 包饺子　餃子作りをする、餃子を包む。

shǒuli 手里　[名] 手の中。手元。

yì duǒ huā 一朵花　一輪の花。

miànlín 面临　[動] …に面する。直面する。

wēijī 危机　[名] 危機。

jīngjì wēijī 经济危机　[名] 経済危機。

Lǎo Yáng 老杨　楊さん。("老"は自分より年上の人に親しみを込める。"楊"は中国人の姓)

Lǎo Wáng 老王　王さん。("王"は中国人の姓)

wǒ gěi tā 我给他…　[前] 私は彼に…する。("给"は前置詞「…に」の意味で、後ろに動詞を伴う。)

　参考 ([動] "我给他这个。" 私は彼にこれをあげる。この"给"は二重目的語をとる動詞。与える。手渡す。)

de shíhou 的时候　…の時。

第 3 課

Wǒ shì zuò gōnggòng qìchē lái de
我是坐公共汽车来的

学習ポイント
① "是…的" 構文
② "快要…了"、"快…了"、"要…了"「もうすぐ…だ」
③ 過去の経験や動作の完了を表す動態動詞 "过"

会話 🎧 019

Nǐ shì zěnme lái xuéxiào de?
A：你是怎么来学校的？

Wǒ shì zuò gōnggòng qìchē lái de.
B：我是坐公共汽车来的。

Kuàiyào dào Shèngdàn Jié le.
A：快要到圣诞节了。

Nǐ yǒu shénme dǎsuan?
B：你有什么打算？

Wǒ dǎsuan gēn péngyou yìqǐ chī dàngāo hé kǎohuǒjī.
A：我打算跟朋友一起吃蛋糕和烤火鸡。

Nǐ chīguo kǎohuǒjī ma?
你吃过烤火鸡吗？

Chīguo. Shì gēn jiālirén yìqǐ chī de.
B：吃过。是跟家里人一起吃的。

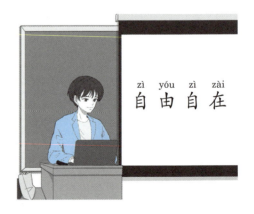

zì yóu zì zài
自由自在

简体字と繁体字

圣（聖）诞（誕）节（節）准（準）备（備）试（試）鸡（鷄）

文法

1 "是…的"(shì…de) 🎧 020

過去の動作について、主体・日時・場所・方法などを強調する。

（1）肯定形

主語		日時・場所・方法などを表す語	動詞		目的語
Tā 他	shì （是）	zuò chūzūchē 坐 出租车	lái 来	de. 的。	*
Wǒ 我	shì （是）	zài bǎihuò dàlóu 在 百货 大楼	mǎi 买	de 的	yīfu. 衣服。
Tā 他	shì （是）	qiántiān 前天	dào 到	de. 的。	*

★ "是"はふつう省略する。目的語がある場合は、"的"はその前に置くことも文末に置くこともできる。
ただし、目的語が人称代名詞の時は、"的"を文末に置く。

（2）否定形

主語		日時・場所・方法などを表す語	動詞		目的語
Tā 她	búshì 不是	qí chē 骑 车	lái 来	de. 的。	*
Tā 她	búshì 不是	zuò fēijī 坐 飞机	qù 去	de. 的。	*
Wǒ 我	búshì 不是	zài shūdiàn 在 书店	mǎi 买	de 的	shū. 书。

★ 否定の"不是"は省略できない。

（3）疑問形

主語		日時・場所・方法などを表す語	動詞		目的語	語気助詞
Tā 他	shì （是）	zuótiān 昨天	lái 来	de 的	*	ma? 吗？
Nǐ 你	shì （是）	zuò diànchē 坐 电车	lái 来	de 的	*	ma? 吗？
Tā 她	shì （是）	zài nǎr 在 哪儿	mǎi 买	de 的	CD?	*
Zhèxiē zhōngguócài 这些 中国菜	shì （是）	shéi 谁	zuò 做	de 的	?	*

★ 反復疑問文は用いない。

33

2　"快要…了"(kuàiyào…le)／"快…了"(kuài…le)／"要…了"(yào…le)　021

（1）"快要…了""快…了"
ほどなくある動作が行われたり、ある現象が現れることを示す。

主語	副詞	述語	動態助詞
Xuéxiào 学校	kuàiyào 快要	qīmò kǎoshì 期末 考试	le. 了。
*	kuài 快	qī diǎn 七 点	le. 了。

★名詞や数量詞にはふつう"快…了"を用いる。

（2）"要…了"
近い将来についての判断を示す。

主語	副詞	助動詞	述語	疑問助詞
Diànchē 电车	jiù (就)	yào 要	kāi le 开 了	ma? (吗？)
Tā 她	kuài (快)	yào 要	lái le 来 了	ma? (吗？)
*	*	Yào 要	dào hánjià le. 到 寒假 了。	*

時間詞がある場合は、"就要…了"を用いる。"快要…了"は使えない。

○ Wǒ míngtiān jiù yào zǒu le.
　我 明天 就 要 走 了。

× Wǒ míngtiān kuàiyào zǒu le.
　我 明天 快要 走 了。

○ Tā xià ge xīngqī jiù yào cānjiā kǎoshì le.
　她 下 个 星期 就 要 参加 考试 了。

× Tā xià ge xīngqī kuàiyào cānjiā kǎosì le.
　她 下 个 星期 快要 参加 考试 了。

3　動態助詞 "过"（guo） 022

（1）「…したことがある」過去の経験を表す。

（a）肯定形と否定形

主語	否定詞	動詞	動態助詞	目的語
Wǒ 我	méi you 没（有）	qù 去	guo 过	Jīngdū hé Nàiliáng. 京都 和 奈良。
Tā 他	méi you 没（有）	tīng 听	guo 过	Zhōngguó yīnyuè. 中国 音乐。

（2）その動作の完了を示す。

（a）肯定形と疑問形

主語	動詞	動態助詞	目的語	助詞	疑問助詞
Xiǎo Wáng 小 王	chī 吃	guo 过	wǔfàn 午饭	le. 了。	*
Nǐ 你	qù 去	guo 过	xuéxiào 学校	le 了	ma? 吗？
Tā 她	lái 来	guo 过	xuéxiào 学校	le 了	ma? 吗？

（b）疑問形

主語	動詞	動態助詞	目的語	疑問助詞
Nǐ 你	qù 去	guo 过	Zhōngguó 中国	ma? 吗？
Nǐ 你	qù 去	guo 过	Měiguó 美国	méiyǒu? 没有？
Nǐ 你	qù méi qù 去 没 去	guo 过	Xīnjiāpō? 新加坡？	*
Nǐ 你	dǎ méi dǎ 打 没 打	guo 过	májiàng? 麻将？	*

練習 3

Ⅰ 日本語に訳しましょう。

① 我是晚上八点回的家。（回：もどる、帰る）

② 快要到寒假了，你打算去哪儿？

③ 他下个月就要回国。

④ 你去过台湾吗？

⑤ 我昨天去过图书馆了。

⑥ 我看过中国电影。

Ⅱ 音声を聴いてピンインに四声符号をつけ、漢字（簡体字）で書きとりましょう。 🎧 023

① Ni xueguo taijiquan meiyou? Wo mei xueguo.（太极拳：太極拳）

② Wo conglai mei zai shi'er dian yiqian shuiguo jiao.（从来：これまで、いままで）

③ Kuai shiyi dian le ma? Dui, xianzai cha shifen shiyi dian.（差：足りない、欠ける）

④ Ni jintian shi zenme lai de? Wo shi zouzhe lai de.（走着来：歩いてくる）

❺ Shijiebei zuqiusai shi shenme shihou kaishi de?（世界杯：ワールドカップ）
（足球比赛：サッカーの試合）（什么 时候：いつ）（开始：始まる）

❻ Wo shi zai Dongjing chusheng de, ta shi zai Shanghai chusheng de.
（东京：東京）（出生：生まれる）（上海：上海）

Ⅲ （　　　）の漢字を書き、全体を日本語に訳しましょう。（　　　）の上はその漢字のピンインです。

❶ 我 是（　zuò　）地铁 来 这里 的。（地铁：地下鉄）

❷ 冬天 快要（　dào　）了，我们 可以 去 滑雪 了！
（滑雪：スキーをする）

❸ 你 看（　guo　）中国电影 吗？

❹ 这些 饺子 谁（　zuò　）的？ 味道 不错！
（饺子：餃子）（味道：味）（不错：良い）

❺ 大家（　yǒu　）什么 问题？
—没有 问题。（大家：みんな）

❻ 你 是（　shénme shíhou　）来 的 中国？—是 一年前 来 的。

37

Ⅳ 正しい語順になるように並べ替えましょう。

1 彼はいつ生まれたのですか？
（出生 的，是，他，什么 时候，？）

2 李さんはどこでそのＴシャツを購入したのですか？
（Ｔ恤衫，李先生，那 件，是，在 哪儿，买 的？）

3 私は彼女の写真を見たことがあるが、会ったことがない。（写真：照片）
（照片，她的，我，看过／见过，没，她，但是）

4 電車がまもなく発車します、すぐ乗車しましょう。
（すぐ、早く：赶快）（乗車する：上车）
（开，了，快要，电车）（吧，赶快，上车，我们）

5 早く家に帰りなさい。しばらくしたら雷が鳴って大雨が降るはずです。
（早く：快）（家に帰る：回家）（しばらくしたら：过一会儿）
（回家，快，吧）（打雷，下，大雨，会，过一会儿）

6 もうすぐ試験です。復習すべきです。（復習する：复习）
（…すべきである、…しなければならない：应该）
（快要，了，考试）（复习复习，应该）

新出語句

会話 🎧024

zěnme 怎么 [代] 1. どうやって。どのように。（方法・手段を尋ねる）2. どうして。なぜ。	dǎsuan 打算 [動] …する予定がある。…する計画がある。…するつもりだ。[名] 計画。
xuéxiào 学校 [名] 学校。	dàngāo 蛋糕 [名] ケーキ。
gōnggòng qìchē 公共汽车 [名] （路線）バス。	guo 过 [助] …したことがある。
shì … de 是 … 的 …したのです。（過去の強調を表す）	kǎohuǒjī 烤火鸡 [名] ロースト・ターキー。ロースト・チキン。
kuàiyào … le 快要 … 了 [副] まもなく…になる。もうすぐ…だ。	jiālirén 家里人 家族。家の人。
Shèngdàn Jié 圣诞节 [名] クリスマス。	

文法 🎧025

chūzūchē 出租车 [名] タクシー。	hánjià 寒假 [名] 冬休み。
bǎihuò dàlóu 百货大楼 [名] デパート。	zǒu 走 [動] 1. 出かける。出発する。行く。2. 歩く。
qiántiān 前天 [名] おととい。一昨日。	xià ge xīngqī 下个星期 来週。
dào 到 [動] 1. いたる。着く。2.（動詞の後ろにつく補語として）…に到達する。	Jīngdū 京都 [名] 京都。
qí / chē 骑车 自転車に乗る。	Nàiliáng 奈良 [名] 奈良。
fēijī 飞机 [名] 飛行機。	chī / fàn 吃饭 [動] ご飯を食べる。食事をする。
shūdiàn 书店 [名] 書店。本屋。	Xīnjiāpō 新加坡 [名] シンガポール。
nǎr 哪儿 [代] どこ。="哪里"	májiàng 麻将 [名] マージャン。
shéi 谁 [代] だれ。どなた。だれか。	dǎ májiàng 打麻将 マージャンをする。
qīmò kǎoshì 期末考试 [名] 期末試験。	

練習 🎧026

huí 回 [動] 帰る。戻る。	Dōngjīng 东京 [名] 東京。
tàijíquán 太极拳 [名] 太極拳。	chūshēng 出生 [動] 生まれる。生む。育つ。
cónglái 从来 [副] これまで。いままで。	Shànghǎi 上海 [名] 上海。
chà 差 [動] 足りない。欠ける。差がある。	dìtiě 地铁 [名] 地下鉄。
zǒuzhe lái 走着来 歩いてくる。	huá / xuě 滑雪 [動] スキーをする。
Shìjièbēi 世界杯 [名] ワールドカップ。	jiǎozi 饺子 [名] ギョーザ。
zúqiú bǐsài 足球比赛 [名] サッカーの試合。	wèidao 味道 [名] 味。味わい。
shénme shíhou 什么时候 [疑] いつ。	búcuò 不错 [形] よい。悪くない。
kāishǐ 开始 [動] はじまる。開始する。	dàjiā 大家 [代] みんな。

39

zhàopiàn 照片　[名] 写真。
gǎnkuài 赶快　[副] すぐ。すばやく。はやく。
shàng / chē 上车　[動] 乗車する。
kuài 快　[形] スピードが速い。[副] 速く。急いで。⇔ "慢"
huí / jiā 回家　[動] 家に帰る。帰宅する。

guò yíhuìr 过一会儿　まもなく。しばらくしたら。
fùxí 复习　[動] 復習する。
yīnggāi 应该　[助動] …すべきである。…しなければならない。

第 4 課

Wǒ měitiān bādiǎn chūmén shàngxué
我 每天 八点 出门 上学

学習ポイント
①存現文
②選択疑問文"是…还是"
③連動式の文

会話 🎧 027

Qiáng shang guàzhe shénme?
A：墙 上 挂着 什么？

Qiáng shang guàzhe yì fú shānshuǐhuà hé yí miàn guóqí.
B：墙 上 挂着 一 幅 山水画 和 一 面 国旗。

Zhuōzi shang fàngzhe shénme?
A：桌子 上 放着 什么？

Zhuōzi shang fàngzhe diànzǐ cídiǎn hé huāpíng, méiyou fàng diànnǎo.
B：桌子 上 放着 电子 词典 和 花瓶，没有 放 电脑。

Yǐzi shang fàngzhe shūbāo.
椅子 上 放着 书包。

・・・・・・・・・・・・・・・・・・・・・・・・・・

Nǐ měitiān jǐ diǎn shàngxué?
A：你 每天 几 点 上学？

Wǒ měitiān bā diǎn chūmén shàngxué.
B：我 每天 八 点 出门 上学。

・・・・・・・・・・・・・・・・・・・・・・・・・・

Nǐmen hē hóngchá, háishi
A：你们 喝 红茶，还是

kāfēi?
咖啡？

Wǒ hē hóngchá.
B：我 喝 红茶。

Wǒ yào hē niúnǎi.
C：我 要 喝 牛奶。

簡体字と繁体字

墙（牆）挂（掛）着（著）画（畫）脑（腦）

1 存現文 028

★不特定・不確定の人や事物の存在、消失、出現を表す場合、存現文を用いる。

（1）存在を表す場合

（a）肯定形と否定形と疑問形

場所詞	否定詞	動詞	動態助詞	存在する人・もの
Gōngyuán li 公园　里	*	zuò 坐	zhe 着	liǎng ge lǎorén. 两　个　老人。
Ménkǒu 门口	*	fàng 放	zhe 着	yí liàng zìxíngchē. 一　辆　自行车。
Qiáng shang 墙　上	méiyou 没有	guà 挂	zhe 着	guàlì. 挂历。
Zhuōzi shang 桌子　上	*	fàng 放	zhe 着	shénme? 什么？

★否定形には、"没有（méiyou）"を用いる。

（2）出現、消失を表す場合

場所詞	動詞		出現する人・もの
Qiánmian 前面	kāiguòlai 开过来	le （了）	yí liàng qìchē. 一　辆　汽车。
Duìmiàn 对面	pǎoguòlai 跑过来	le （了）	liǎng ge xiǎoháizi. 两　个　小孩子。
Wǒmen gōngsī 我们　公司	zǒu 走	le 了	liǎng ge rén. 两　个　人。

★否定形はない。

○"小张　在　校门口　等着。"（Xiǎo Zhāng zài xiàoménkǒu děngzhe.）（張さんが校門で待っている）

×"一　个　人　在　校门口　等着。"（Yí ge rén zài xiàoménkǒu děngzhe.）

★"小张（XiǎoZhāng）"は特定の人を指すが、"一　个　人（yí ge rén）"は不特定の人を指す。

2　選択疑問文 "是…还是"（shì…háishi）   029

「Ａか、Ｂか」と二者択一の疑問文である。

主語	述部		述部	
Nǐ 你	shì （是）	míngtiān qù, 明天 去，	háishi 还是	hòutiān qù? 后天 去？
Zhèige diànzǐ cídiǎn 这个 电子 词典	shì 是	nǐ de, 你 的，	háishi 还是	wǒ de? 我 的？

3　連動式の文　★テキスト『わかりやすい入門中国語』p66 を参照。　030

ふたつ以上の動詞または動詞句を並べ、動作・行為を表す。

（1）ふたつ以上の動詞または動詞句が動作の順序に並ぶ。

> Tā měitiān zǎoshang bā diǎn chūmén shàngbān.
> 她 每天 早上 八 点 出门 上班。
> Tā měitiān xiàwǔ wǔ diǎn xiàkè huíjiā.
> 他 每天 下午 五 点 下课 回家。

（2）前の動詞が"来""去"、後ろの動詞・動詞句が目的を表す。

> Tā chángcháng dào wǒ jiā lái wánr.
> 他 常常 到 我 家 来 玩儿。
> Wǒ měitiān qù mǎi dōngxi.
> 我 每天 去 买 东西。

（3）前の動詞が、方法・手段・材料を表す。

> Wǒmen zuò fēijī qù Xiàwēiyí.
> 我们 坐 飞机 去 夏威夷。
> Wǒmen ná kuàizi chīfàn.
> 我们 拿 筷子 吃饭。

（4）"有"の後ろの名詞はふつう動作の対象を表す。

> Xiàwǔ wǒ méiyou shíjiān qù zhǎo nǐ.
> 下午 我 没有 时间 去 找 你。
> Wǒ hái yǒu hěn duō shì yào zuò ne.
> 我 还 有 很 多 事 要 做 呢。

練習 4

I 日本語に訳しましょう。

❶ 路上 没有 停着 汽车。（路上：道、路上）（停：とまる、とめる）

❷ 你 喝 咖啡 还是 乌龙茶？

❸ 我 今天 下午 四点半 下课 后 去 打工。

❹ 我们 拿 筷子 吃饭。

❺ 他们 坐 船 去 香港。（船：船）

❻ 我 打 电话 跟 他 商量。（商量：相談する）

II 音声を聴いてピンインに四声符号をつけ、漢字（簡体字）で書きとりましょう。 🎧 031

❶ Wo xia ge yue qu Taiwan chuchai.（出差：出張する）

❷ Caochang li you hen duo xuesheng.（操場：グラウンド）

❸ Ni qu Zhongguo lüxing, zuo chuan qu, haishi zuo feiji qu?（船：船）（旅行：旅行）

❹ Ni he hongcha, haishi wulongcha?（乌龙茶：ウーロン茶）

5 Zhuozi shang fangzhe liang ben shu.

6 Zaoshang qi dian kailaile yiliang gonggong qiche.

Ⅲ 選択疑問文を使って話してみましょう。

1 A：你 要 _____ 还是 _____ ？
B：我 要 _____ 。
① 一杯 / 两杯　② 这个 / 那个

2 A：你 喜欢 _____ 还是 _____ ？
B：我 喜欢 _____ 。
① 狗 / 猫　② 黑色 / 白色
（猫：猫）（黑色：黒い色、黒）（白色：白い色、白）

3 A：你 想 _____ 还是 想 _____ ？
B：我 想 _____ ，你 呢？
A：我 _____ 。
① 吃 拉面 / 吃 咖喱饭　② 去 纽约 / 去 巴黎
（拉面：ラーメン）（咖喱饭：カレーライス）

45

IV 正しい語順になるように並べ替えましょう。

❶ 入り口に靴が三足置いてあります。(入口：门口)(靴：鞋)(…足：双)
　　　sān shuāng xié　zhe　ménkǒu　fàng
（三　双　鞋，着，门口，放）

❷ 昨日わたしたちの宿舎から三人が引っ越しました。(宿舎：宿舍)(引っ越す：搬走)
　　　bānzǒule　sùshè　sāngerén　zuótiān　wǒmen
（搬走了，宿舍，三个人，昨天，我们）

❸ 学校の宿題、あなたはパソコンで入力しますか、それとも手書きしますか？
（入力する：打字）(手書きする：手写)
　　　shǒuxiě　zuòyè　dǎzì　háishi　diànnǎo　xuéxiào de　nǐ yòng
（手写，作业，打字，还是，电脑，学校 的，你 用）

❹ 彼は時に、バイクに乗って通学します。(時に、たまに：有时候)(バイク：摩托车)
（またがって乗る：骑）
　　　shàngxué　yǒushíhou　tā　qù　qí　mótuōchē
（上学，有时候，他，去，骑，摩托车）

❺ わたしは来年飛行機で香港旅行に行きます。(香港：香港)
　　　Xiānggǎng lǚyóu　wǒ　míngnián　fēijī　qù　zuò
（香港 旅游，我 明年，飞机，去，坐）

❻ 彼は土曜日にアルバイトに行きます。
　　　xīngqīliù　tā　dǎgōng　qù
（星期六，他，打工，去）

新出語句

会話　🎧 032

qiáng 墙　[名] 壁。塀。	zhuōzi 桌子　[名] 机。テーブル。
qiáng shang 墙上　壁の上。	fàng 放　[動] 置く。
guà 挂　[動] 掛かる。かける。	diànzǐ cídiǎn 电子词典　[名] 電子辞典。
guàzhe 挂着　掛かっている。	huāpíng 花瓶　[名] 花瓶。
fú 幅　[助数] 絵を数える。…枚。	yǐzi 椅子　[名] 椅子。
shānshuǐhuà 山水画　[名] 山水画。	shàng / xué 上学　[動] 通学する。学校に行く。
yì fú shānshuǐhuà 一幅山水画　山水画一枚。	hóngchá 红茶　[名] 紅茶。
miàn 面　[助数] …枚。	háishi 还是　[接] それとも。
guóqí 国旗　[名] 国旗。	niúnǎi 牛奶　[名] 牛乳。

文法　🎧 033

gōngyuán 公园　[名] 公園。	xiàoménkǒu 校门口　[名] 校門。
ménkǒu 门口　[名] 出入口。玄関。	děngzhe 等着　待っている。
liàng 辆　[助数] …台。…両。	hòutiān 后天　[名] 明後日。あさって。
zìxíngchē 自行车　[名] 自転車。	zǒu 走　[動] 去る。離れる。
yí liàng zìxíngchē 一辆自行车　自転車一台。	shàng / bān 上班　[動] 出勤する。⇔"下班"
guàlì 挂历　[名] （壁にかける）カレンダー。	xià / kè 下课　[動] 授業が終わる。⇔"上课"
qiánmiàn 前面　[名] 前。	chángcháng 常常　[副] いつも。よく。しばしば。
kāiguòlai 开过来　車を運転してやって来る。	Xiàwēiyí 夏威夷　[名] ハワイ。
qìchē 汽车　[名] 自動車。	ná 拿　[動] 手に持つ。
duìmiàn 对面　[名] 対面。向かい側。正面。	kuàizi 筷子　[名] 箸。はし（食事に使う）。
pǎo 跑　[動] 走る。駆ける。逃げる。	xiàwǔ 下午　[名] 午後。
pǎoguòlai 跑过来　駆けて来る。	hěn duō shì 很多事　多くのこと。たくさんのこと。
gōngsī 公司　[名] 会社。	
Xiǎo Zhāng 小张　張さん。（"小"は自分より年下の人に親しみを込める。"张"は中国人の姓）	

47

練習

lùshang 路上 [名] 道。路上。
tíng 停 [動] 停まる。停止する。止む。とめる。
chuán 船 [名] 船。
shāngliang 商量 [動] 相談する。
xià ge yuè 下个月 来月。⇔上个月
chūchāi 出差 出張する。
cāochǎng 操场 [名] グラウンド。
lǚxíng 旅行 [名] 旅行。[動] 旅行する。
wūlóngchá 乌龙茶 [名] ウーロン茶。
māo 猫 [名] ネコ、猫。
hēisè 黑色 [名] 黒い色。黒。
báisè 白色 [名] 白い色。白。
lāmiàn 拉面 [名] 手打ち麺。ラーメン。
gālífàn 咖哩饭 [名] カレーライス。
xǐhuan 喜欢 [動] ～が好きである。好む。愛する。

shuāng 双 [助数] ふたつでワンセットのものを数える。…足。
sān shuāng xié 三双鞋 靴三足。
sùshè 宿舍 [名] 宿舎。寮。
bānzǒu 搬走 引っ越す。移転する。
dǎ zì 打字 [動] 字を入力する。タイプする。
shǒuxiě 手写 [動] 手書きする。[名] 手書き。
yǒushíhou 有时候 時に。たまに。
qí 骑 [動] オートバイ・自転車・馬などに（またがって）乗る。
mótuōchē 摩托车 [名] オートバイ。バイク。
Xiānggǎng 香港 [名] 香港。

第 5 課

我 写错了 几 个 汉字
Wǒ xiěcuòle jǐ ge Hànzì

学習ポイント　①結果補語　②動詞"帮"について
③動詞と形容詞の重ね型　④不定を表す疑問詞
⑤"越…越"「…すればするほど、ますます……」
⑥主述文を目的語にとる動詞

会話 🎧 035

A：我 一定 要 学好 汉语。
　　Wǒ yídìng yào xuéhǎo Hànyǔ.

B：很 好！
　　Hěn hǎo!

A：我 写了 一 篇 作文，请 帮 我 看看。
　　Wǒ xiěle yì piān zuòwén, qǐng bāng wǒ kànkan.

B：好 的。写错了 几 个 汉字，
　　Hǎo de. Xiěcuòle jǐ ge Hànzì,
　　这 几 个 词 也 用错 了。
　　zhè jǐ ge cí yě yòngcuò le.

A：谢谢 你 告诉 我。
　　Xièxie nǐ gàosu wǒ.

B：不要 客气。越 努力，进步 越 快。
　　Búyào kèqi. Yuè nǔlì, jìnbù yuè kuài.

更 上 一 层 楼
gèng shàng yì céng lóu

簡体字と繁体字

汉（漢）帮（幫）写（寫）错（錯）个（個）气（氣）进（進）

49

1 結果補語：動詞に動詞または形容詞をつけて、動作の結果を表す。 036

動詞＋結果補語（動詞・形容詞）

（1）結果補語となる主な動詞

> 见 jiàn 視覚・聴覚などで感じとる：看见 kànjiàn（見える）、听见 tīngjiàn（聞こえる）
> 到 dào ①目的の達成：收到 shōudào（受け取る）：买到 mǎidào（買った）
> 　　　②（ある場所に）到達する：回到 huídào（～に帰る）、走到 zǒudào（～まで歩く）
> 完 wán 終わる：写完 xiěwán（書き終わる）、看完 kànwán（見終わる）
> 懂 dǒng 分かる、理解する：听懂 tīngdǒng（聞いて分かる）、看懂 kàndǒng（見て分かる）
> 住 zhù 安定・固定を表す：记住 jìzhù（覚える）、停住 tíngzhù（止まる）
> 在 zài ある場所に落ち着く：住在 zhùzài（～に住む）、放在 fàngzài（～に置く）

（2）結果補語となる主な形容詞

> 好 hǎo ちゃんと～する：学好 xuéhǎo（マスターする）、坐好 zuòhǎo（きちんと座る）
> 错 cuò 間違っている：答错 dácuò（答え間違える）、走错 zǒucuò（歩き間違える、道を誤る）
> 对 duì 正しい、合っている：说对 shuōduì（言い当てる）、猜对 cāiduì（〈推測して〉当てる）
> 干净 gānjìng きれいである：洗干净 xǐgānjìng（きれいに洗う）、
> 　　　　　打扫干净 dǎsǎogānjìng（きれいに掃除する）
> 清楚 qīngchu はっきりしている：说清楚 shuōqīngchu（はっきり言う）、记清楚 jìqīngchu（しっかり覚える）
> 光 guāng 何も残っていない：吃光 chīguāng（食べつくす）、卖光 màiguāng（売り切れる）

（3）肯定形

主語	動詞	補語（動詞或いは形容詞）	助詞"了"	目的語
Wǒ 我	niàn 念	cuò 错	le 了	jǐ ge zì. 几个字。
Wáng lǎoshī 王老师	zhù 住	zài 在	*	Dōngjīng. 东京。

（4）否定形

主語	副詞	否定詞	動詞	目的語
Wǒ 我	hái 还	méi you 没（有）	zhǎodào 找到	tā. 他。
Nàběn zázhì 那本杂志	hái 还	méi you 没（有）	kànwán. 看完。	*

★否定をする場合は、"没（有）"を用いる。

50

（5）疑問形

主語	動詞	目的語	疑問助詞
Nǐ 你	jìzhù 记住	nà jù chéngyǔ le 那 句 成语 了	ma? 吗？
Nǐ 你	zhǎodào 找到	fángjiān de yàoshi le 房间 的 钥匙 了	ma? 吗？

2　"帮"（bāng）「手伝う」──★兼語文についての詳細は第11課参照。

主語＋"帮"＋代名詞（目的語）＋動詞　主語は代名詞が…するのを手伝う

> Wǒ bāng nǐ.
> 我 帮 你。私はあなたを手伝います。
> Wǒ bāng nǐ bān jiā.
> 我 帮 你 搬 家。私はあなたが引っ越しをするのを手伝います。
> Qǐng bāng wǒ zhào zhāng xiàng.
> 请 帮 我 照 张 相。どうか私に替わって写真を撮ってください。

3　動詞と形容詞の重ね型

（1）動詞の重ね型

　動詞を重ねたり、動詞の間に"一"を入れ「ちょっと…する」の意味を表す。また動詞の後ろに"一下"を置いても、「ちょっと……する」の意味を表す。

kànkan 看看	kànyikan 看一看	kàn yíxià 看 一下
shuōshuo 说说	shuōyishuo 说一说	shuō yíxià 说 一下

> Wǒ kànkan nà běn zázhì.
> 我 看看 那 本 杂志。
> Shǔjià yǒu kòngr, kěyǐ xiěxie sǎnwén.
> 暑假 有 空儿，可以 写写 散文。
> Zhè shì wǒ zuò de cài, nǐ cháng yíxià.
> 这 是 我 做 的 菜，你 尝 一下。

（2）形容詞の重ね型

　形容詞が重ねて用いられると、描写性を強めたり、程度が高いことを示す。単音節の形容詞は"AA型"に、二音節の形容詞は"AABB型"にする。

> Nàge yǎnjing dàdà de gūniang shì tā mèimei.
> 那个 眼睛 大大 的 姑娘 是 他 妹妹。
> Rénmen gāogāoxìngxìng de guò xīnnián.
> 人们 高高兴兴 地 过 新年。

51

4　不定を表す疑問詞

中国語の疑問詞には「いくつか、なにか、どこか」のような不定の数量、事物、場所などを表す用法がある。

> Wǒ xiěcuòle jǐ ge Hànzì.
> 我 写错了 几 个 汉字。
> Nǐ yǒu shénme shìr ma?
> 你 有 什么 事儿 吗？
> Nǐ xiǎng qù nǎr, jiù qù nǎr.
> 你 想 去 哪儿，就 去 哪儿。
> Nǐ xǐhuan nǎge, jiù tiāo nǎge.
> 你 喜欢 哪个，就 挑 哪个。
> Wǒ xiǎng chī diǎnr shénme.
> 我 想 吃 点儿 什么。
> Wǒ hǎoxiàng zài nǎr jiànguo nín.
> 我 好像 在 哪儿 见过 您。

5　"越…越…"（yuè…yuè…）「…すればするほど…」

> Zhōngguócài yuè chī yuè hǎochī.
> 中国菜 越 吃 越 好吃。
> Hànyǔ yuè xué yuè yǒu yìsi.
> 汉语 越 学 越 有 意思。
> Wùjià zhǎngde yuè gāo, shēnghuó shuǐpíng jiù yuè dī.
> 物价 涨得 越 高，生活 水平 就 越 低。

6　主述文を目的語にとる動詞

目的語に文や節をとる動詞がある。兼語文（第11課）とは異なるので注意すること。
心理的活動を表す一部の動詞は、目的語に主述文をとることができる。

> zhīdao xīwàng xiǎng yuànyì juéde xǐhuan
> 知道、希望、想、愿意、觉得、喜欢

主語	動詞	目的語	
		主語	述語
*	Zhù 祝	nǐ 你	shēngrì kuàilè! 生日 快乐！
Wǒ bàba 我 爸爸	xīwàng 希望	wǒ 我	néng kǎoshàng dàxué. 能 考上 大学。

練 習 5

I 日本語に訳しましょう。

❶ 我 住在 日本，她 住在 中国。

❷ 他 收到了 女朋友 的 信。（收到：受け取る）

❸ 饺子 卖光 了。（卖光：売り切れる）

❹ 你们 是不是 明天 去 华人街？（华人街：チャイナタウン）

❺ 我 希望 将来 在 联合国 工作。（联合国：国連）

II 音声を聴いてピンインに四声符号をつけ、漢字（簡体字）で書きとりましょう。 🎧 042

❶ Na jian shi ta zuocuo le.（做：する、行う）

❷ Ni xiang chi shenme, jiu chi shenme.

❸ Wo mangsi le, mei shijian qu wanr.（…死：程度が甚だしいこと）

❹ Ni zhuzai nar? Wo zhuzai Dongjing.

❺ Laoshi wen ta hen duo wenti, zheige wenti ta huidacuo le.（回答错：答え間違える）

53

❻ Women dou zhidao ta hen congming.（聪明：利口な、聪明な）

Ⅲ （　　　）の漢字を書き、全体を日本語に訳しましょう。（　　　）の上はその漢字のピンインです。

❶ 你 写（ wán ）报告 了 吗？（报告：レポート）

❷ 我（ bāng ）你 问问 老师，问题 一定 会 解决 的。

❸ 他 没 听（ dǒng ）你 说 的 话，请 再 说 一遍。
（再：もう、また、再び）（一遍：一度、一遍）

❹ 我们 好像 在（ nǎr ）见 过 他。

❺ 我 觉得 汉语 越 来 越（ yǒu yìsi ）了。

❻ 这 道 菜 真 好 吃，我 一个人 吃（ guāng ）了。
（道：料理を数える助数詞）

❼ 你 想 说（ shénme ），就 说（ shénme ）吧。

IV 正しい語順になるように並べ替えましょう。

① 私は昨日道で彼女を見かけました。
  kànjiàn zuótiān tā le zài lùshang wǒ
（看见，昨天，她 了，在 路上，我）

② 明日の試験の準備をすでにしました。（準備する：准备）（ちゃんと…する：…好）
  míngtiān de kǎoshì hǎo le zhǔnbèi yǐjīng
（明天 的 考试，好 了，准备，已经）

③ 先生のお話をあなたは聞いてわかりましたか。（お話：故事）
  jiǎng de gùshi ma tīngdǒng lǎoshī nǐ le
（讲 的 故事，吗，听懂，老师，你，了，？）

④ 彼女は漢字をいくつか読み間違えました。
  tā Hànzì le niàncuò
（她，汉字，了，念错）

⑤ あなたが行きたいと思うところにどこでも行きなさい。
  nǎr nǎr xiǎng qù jiù qù nǐ
（哪儿，哪儿，想 去，就 去，你）

⑥ 日本に住む中華系の人々は、ますます多くなりました。（華人：华人）
  yuèlái huárén yuè duōle shēnghuó de zài Rìběn
（越来，华人，越 多了，生活 的，在，日本）

新出語句

会話 🎧 043

…hǎo 好 [形] (動詞の後ろに付く補語) 良く…する。きちんと…する。
xuéhǎo 学好 ちゃんとマスターする。きちんと学ぶ。("好"は結果補語)
piān 篇 [助数] …編。
zuòwén 作文 [名] 作文。
bāng 帮 [動] 手伝う。
kànkan 看看 ちょっと見る。(動詞を重ねて「ちょっと…する」)
hǎode 好的 [形] よろしい。いいですよ。(了解・承諾を表す)
…cuò 错 [形] (動詞の後ろに付く補語) …し間違える。⇔"对"
xiěcuò 写错 書き間違える。
cí 词 [名] 単語。言葉。
yòngcuò 用错 使い間違える。
kèqi 客气 [動] 遠慮する。気を使う。[形] 遠慮深い。丁寧である。
búyào kèqi 不要客气 遠慮しないで。
yuè … yuè … 越…越… [副] …すればするほど、ますます…。
nǔ / lì 努力 [動] 努力する。[形] がんばる。[名] 努力。
jìnbù 进步 [名] 進歩。[動] 進歩する。

文法 🎧 044

tīng 听 [動] 聞く。聴く。
…jiàn 见 (動詞の後ろに付く補語) …に見える。…に感じる。…と認める。
…wán 完 (動詞の後ろに付く補語) …し終わる。…し終える。
…dǒng 懂 (動詞の後ろに付く補語) …と理解する。…とわかる。
shōu 收 [動] 収める。受け取る。しまう。
…zhù 住 (動詞の後ろに付く補語) きちんと定着させる。固定する。安定する。
jì 记 [動] 記憶する。覚える。記録する。
…zài 在 (動詞の後ろに付く補語) …に。…で。(場所を表す)
huídá 回答 [動] 答える。回答する。[名] 回答。
…duì 对 (動詞の後ろに付く補語) 正しく…する。[前] …に対して。[形] 正しい。その通り。[動] 向かい合う。
…gānjìng 干净 [形] (動詞の後ろに付く補語) きれいさっぱりする。清潔になる。きれいである。清潔である。さっぱりしている。
…qīngchu 清楚 (動詞の後ろに付く補語) あきらかになる。すっきりする。[形] はっきりする。あきらかである。[動] あきらかにする。わかる。
…guāng 光 [形] (動詞の後ろに付く補語) すっかりなくなる意味を表す。…し尽くす。
niàncuò 念错 読み間違える。
zhùzài 住在 ～に住む。
zhǎodào 找到 見つかる。
kànwán 看完 見終わる。読み終わる。
jì / zhù 记住 きちんと覚える。記憶として定着させる。
chéngyǔ 成语 [名] 成語。
yàoshi 钥匙 [名] 鍵。カギ。
bān / jiā 搬家 [動] 引っ越す。
yíxià 一下 [名] ちょっと…する。
kòngr 空儿 [名] 暇。空いた時間。
sǎnwén 散文 [名] 散文。エッセイ。
cháng 尝 [動] 味わう。
gūniang 姑娘 [名] 娘。少女。
xīnnián 新年 [名] 新年。正月。
tiāo 挑 [動] 選ぶ。選択する。

hǎoxiàng 好像 [副] まるで…のようである。
wùjià 物价 [名] 物価。価格。
zhǎng 涨 [動] 上がる。上昇する。溢れる。高くなる。
shēnghuó 生活 [名] 生活。[動] 生活する。暮らす。
shuǐpíng 水平 [名] レベル。水準。
dī 低 [形] 低い。

xīwàng 希望 [動] 希望する。望む。[名] 願い。希望。
yuànyì 愿意 [動] 望んで…する。喜んで…する。…したがる。
kuàile 快乐 [形] 楽しい。うれしい。愉快な。
kǎo / shàng 考上 [動]（試験に）合格する。受かる。

練習

045

shōu / dào 收到 [動] 受け取る。手にする。
nǚpéngyou 女朋友 [名] 女友達　カノジョ。
mài guāng 卖光　売り切る。売り切れる。
huárénjiē 华人街 [名] チャイナタウン。中華街。
Liánhéguó 联合国 [名] 国連。国際連合。United Nations。
zuò 做 [動] 作る。する。
zuòcuò 做错　やり間違える。し間違える。
mángsǐ 忙死　ひどく忙しい。死ぬ程多忙。
wèn 问 [動] 尋ねる。
huídácuò 回答错　答え間違える。
cōngming 聪明 [形] 利口である。聡明である。かしこい。
bàogào 报告 [動] 報告する。[名] 報告。レポート。

zài 再 [副] 1．再び。さらに。もっと。いっそう。2．今度。また。3．…してから…する。
yíbiàn 一遍　一度。一回。
yǒu yìsi 有意思　面白い。⇔"没意思"
dào 道 [助数] 料理を数える助数詞。
ba 吧 [助] 語気をやわらげる助詞。…しましょう。『わかりやすい入門中国語』P35参照。
zhǔnbèi 准备 [動] 1．準備する。2．…するつもりである。…する予定である。
zhǔnbèihǎo le 准备好了　ちゃんと準備した。
gùshi 故事 [名] 話、物語。
huárén 华人 [名] 中華系の人々。華人。

第 6 課

Wǒ (chàng) gē chàngde hěn hǎo
我（唱）歌 唱得 很 好

学習ポイント
①様態補語
②副詞 "还"、"就"、"才"

会　話 🎧 046

A：Wǒmen yìqǐ qù chàng kǎlā ok ba.
　　我们 一起 去 唱 卡拉OK 吧。

B：Hǎo a, búguò, wǒ chàngde bù hǎo. Zěnme bàn?
　　好 啊，不过，我 唱得 不 好。怎么 办？

A：Chànggē bù nán, liànde yuè duō, chàngde yuè hǎo.
　　唱歌 不 难，练得 越 多，唱得 越 好。

B：Rúguǒ nǐ bú jièyì, wǒ jiù qù.
　　如果 你 不 介意，我 就 去。

A：Dāngrán bú huì jièyì, qíshí wǒ chàngde yě bù zěnme hǎo.
　　当然 不 会 介意，其实 我 唱得 也 不 怎么 好。

B：Nǐ tài qiānxū le. Zánmen yìqǐ liànlian.
　　你 太 谦虚 了。咱们 一起 练练。

简体字と繁体字

办（辦）难（難）练（練）实（實）还（還）谦（謙）

文法

1　様態補語 047

動詞・形容詞について、その程度・結果・状態を表す。

（1）状態を表す様態補語
　形容詞を補語として動詞につけ、動作について描写したり、評価し、判断する。
　（a）肯定形・否定形

主語	動詞	"得"	様態補語
Tā 他	lái 来	de 得	hěn wǎn. （很）晚。
Wǒ 我	qǐ 起	de 得	bù zǎo. 不 早。

★否定形は形容詞の前に"不"を置く。
★肯定形では、形容詞に、"很""真"などがつけられる。
★文末助詞"了"はつけない。

　（b）動詞に目的語がある場合

主語	（動詞）＋目的語	動詞	"得"	様態補語
Nàge háizi 那个 孩子	yóuyǒng （游泳）	yóu 游	de 得	hěn hǎo. 很 好。
Zhāng tóngxué 张 同学	shuō Yīngwén （说）英文	shuō 说	de 得	bù liúlì. 不 流利。

★動詞を繰り返して用いるが、前の動詞を省略してもよい。

　（c）疑問形

主語	動詞	目的語	動詞	"得"	様態補語
Tā 他	pǎo 跑	*	*	de 得	kuài ma? 快 吗？
Xiǎo Lín 小 林	shuō （说）	Zhōngwén 中文	shuō 说	de 得	liúlì bu liúlì? 流利 不 流利？

59

（2）程度を表す様態補語
　形容詞につけて状況や状態の達している極度な程度を表す。

主語	形容詞	"得"	様態補語
Tāmen 他们	gāoxìng 高兴	de 得	bùdéliǎo. 不得了。
Dùzi 肚子	téng 疼	de 得	yàomìng. 要命。

★否定形や疑問形はない。

（3）結果を表す様態補語
　補語は形容詞だけでなく、動詞句や文の場合もある。動詞・形容詞について、行為・動作の結果について説明する。

主語	形容詞	"得"	様態補語
Tā 她	máng 忙	de 得	wàngle chīfàn. 忘了 吃饭。

★否定形、疑問形はない。

2　副詞 "还" (hái) ／ "就" (jiù) ／ "才" (cái)　　🎧048

（1）"就" (jiù)
　副詞として数種類の使い方がある。

（a）動作を短時間に起こすことを表す。「すぐに」の意味に用いる。

> Děng yíhuìr, tā mǎshàng jiù lái.
> 等 一会儿，他 马上 就 来。

（b）動作や事態の発生が早いことを表す。「早くも、もう」の意味に用いる。

> Wǎnhuì qī diǎn kāishǐ, tā liù diǎn jiù lái le.
> 晚会 七点 开始，他 六 点 就 来 了。

（c）範囲を確認し、「ただ…だけ」の意味に用いる。"只"(zhǐ) "仅仅"(jǐnjǐn) と同じ。

> Zhè jiàn shì jiù wǒ yí ge rén zhīdào.
> 这 件 事 就 我 一 个 人 知道。

（d）客観的事実の強調、事実の確認の強調、話し手の意志、肯定の強調を表す。すぐ（そこに）、ちょうど（ここに）の意味に用いる。

> Bàngōngshì jiù zài zhè lóu li.
> 办公室　就　在　这　楼　里。
>
> Yóujú jiù zài yínháng de nánbianr.
> 邮局　就　在　银行　的　南边儿。

（2）"还"
　動作の状態の継続、項目・数量の増加・範囲の拡大を表す。「なお、まだ、さらに、なおまた」等の意味に用いる。

> Zǎodiǎnr shuì ba, míngtiān hái yào zǎoqǐ ne!
> 早点儿　睡　吧，明天　还　要　早起　呢！

（3）"才"
　副詞として、複数の使い方がある。
（a）動作の開始・終了が遅いことを表す。「やっと、ようやく」の意味に用いる。

> Nǐ zěnme xiànzài cái lái? Yǐjīng xiàkè le.
> 你　怎么　现在　才　来？已经　下课　了。

> Tā wǔshí suì cái jiéhūn, xiànzài hěn xìngfú.
> 她　五十　岁　才　结婚，现在　很　幸福。

（b）数量が少ないことを表す。「わずか、ほんの」の意味に用いる。

> Zhè tiáo kùzi bú tài guì, cái sānqiān jiǔbǎi rìyuán.
> 这　条　裤子　不　太　贵，才　3900　日元。

練習 6

Ⅰ 日本語に訳しましょう。

① 他 写 字 写得 很 漂亮。（字：文字）（漂亮：きれい。美しい）

② 九点 开始 上课，他 七点半 就 来 了。

③ 他 说 汉语 说得 非常 流利 吗？

④ 电车 晚 点 了，我 晚上 十一点 才 回家。

⑤ 他 走得 不 快。

Ⅱ 音声を聴いてピンインに四声符号をつけ、漢字（簡体字）で書きとりましょう。　🎧 049

① Ta xuede hen hao, zheci kaoshi kaole manfen.（考：試験する）（満分：満点）

② Wo zuotian shuide hen hao, jintian you jingshen le.（有精神：元気である）

③ Ta Yingyu he Hanyu dou xue de hen hao, shuo de feichang liuli.

④ Ta meitian liu dian qichuang, wo pingshi ba dian ban qichuang, wo qi de bijiao wan.（平时：いつも）（起床：起床する）（比较：比較的。わりと）

❺ Ta ti zuqiu ti de feichang hao, jianglai xiang dang zuqiu xuanshou.
（踢：蹴る）（将来：将来）（选手：選手）

❻ Tingshuo ta hen hui zuocai, zuo de feichang hao.（做菜：料理を作る）

Ⅲ 上段の文の説明として、★の文の内容が正しい場合は○、誤りの場合は×をつけましょう。

❶ 我 会 唱歌，但 唱得 不 太 好。
★说话人 唱得 非常 好。(　　　)（说话人：話し手）

❷ 我 想 早点儿 睡，明天 还要 早起 呢！
★说话人 明天 不用 早起。(　　　)

❸ 你 怎么 现在 才 来？
★我 来得 很 晚。(　　　)

❹ 我 十八岁 就 结婚 了。
★说话人 结婚 很 早。(　　　)

❺ 你 慢慢儿 吃。吃得 快，对 消化 不 好。
★我 吃饭 吃得 太 快 了。(　　　)

❻ 最近 我 每天 都 得 打工，睡得 很 少。
★说话人 最近 非常 忙。（　　　　）
（得：…しなければならない。…する必要がある。）

Ⅳ　正しい語順になるように並べ替えましょう。

❶ 昨晩雪が多く降りました。今もまだ降っています。
（很 大，下得，雪，昨天 晚上）（下，呢，还，现在，在）

❷ 彼は聡明でしかも、性格も良い。彼はわずか20歳です。（しかも：而且）（性格：性格）
（他，很 聪明，而且，也 好，性格）（二十岁，他，才）

❸ 駅はちょうど広場の東側にあります。（広場：广场）
（东边儿，车站，就，在，广场，的）

❹ 焦らないで、ゆっくり食べて、早く食べるのは、消化によくない。（消化：消化）
（着急，不要，慢慢儿，吃／吃得快，消化，对，不好）

❺ 彼は多忙で、まったく遊ぶ時間がない。
（很，得，忙，他／时间，玩儿，没，完全）

❻ 彼は歌を歌うのが上手で、絵を描くのも素晴らしい。
（唱得好，歌儿，他／画儿，也 画得，不错）

新出語句

会話 050

kǎlāOK 卡拉OK [名] カラオケ。
bàn 办 [動] する。行う。
de 得 補語を導く助詞。
nán 难 [形] 難しい。困難である。
liàn 练 [動] 練習する。
jiè / yì 介意 [動] 気にする。気に掛ける。

qíshí 其实 [副] その実。実のところ。
qiānxū 谦虚 [形] 謙虚である。[動] 謙遜する。遠慮する。
liànlian 练练 [動] ちょっと練習する。（動詞を重ねて、ちょっと…するの意味を表す）⇔ "练一练"

文法 051

wǎn 晚 [形]（時間が）遅い。⇔ "早"
zǎo 早 [形]（時間が）早い。
tóngxué 同学 [名] クラスメート。学友。同窓生。
liúlì 流利 [形] なめらかである。流暢である。
bùdéliǎo 不得了 大変だ。たまらない。ひどい。やりきれない。
dùzi 肚子 [名] お腹。
téng 疼 [形] 痛い。
yào / mìng 要命 [動] ひどい。大変。（程度が甚だしいことを表す）
wàng 忘 [動] 忘れる。（うっかり）忘れる。覚えていない。
mǎshàng 马上 [副] すぐに。さっそく。ただちに。
wǎnhuì 晚会 [名] 夜のパーティー。夜の集い。

zhīdao 知道 [動] わかっている。知っている。理解する。知る。わかる。
lóu 楼 [名] 1．ビル。建物。2．…階。（建物の階数）
yóujú 邮局 [名] 郵便局。ポストオフィス。
nánbianr 南边儿 [名] 南側。
zǎodiǎnr 早点儿 早く。早めに。少し早く。
zǎoqǐ 早起 [動] 早く起きる。早起きする。
jié / hūn 结婚 [動] 結婚する。[名] 結婚。
xìngfú 幸福 [形] 幸福である。幸せである。
kùzi 裤子 [名] ズボン。
guì 贵 [形] 1．値段が高い。2．貴重である。
rìyuán 日元 [名] 日本円。

練習   052

zì 字 [名] 字。文字。語。
piàoliang 漂亮 [形] きれいである。美しい。
kǎo 考 [動] 試験する。答えさせる。
mǎnfēn 满分 100点。
yǒu jīngshen 有精神 元気である。
píngshí 平时 [名] いつも。日頃。普段。
qǐ / chuáng 起床 [動] 起床する。
bǐjiào 比较 [副] わりと。比較的に。わりあいに。

tī 踢 [動] 蹴る。けとばす。
jiānglái 将来 [名] 将来。⇔ "过去"
xuǎnshǒu 选手 [名] 選手。
zuò / cài 做菜 料理を作る。
shuōhuàrén 说话人 [名] 話者。話し手。
děi 得 [助動] …しなければならない。…する必要がある。
érqiě 而且 [接] しかも。またその上。さら

65

に。
xìnggé 性格 名性格。パーソナリティー。

guǎngchǎng 广场 名広場。
xiāohuà 消化 名消化。動消化する。

第 7 課

Wǒ dài shǒujī lai le
我 带 手机 来 了

学習ポイント 方向補語（単純方向補語、複合方向補語）

会話 🎧053

A： Wǒ wàngle dài zhàoxiàngjī. Zěnme bàn?
我 忘了 带 照相机。怎么 办？

B： Wǒ dài shǒujī lai le, nǐ fàngxīn hǎo le.
我 带 手机 来 了，你 放心 好 了。

A： Nà jiù gǎnkuài pāi jítǐzhào ba.
那 就 赶快 拍 集体照 吧。

B： Búyòng zháojí. Rén hái méi dàoqí. Yòng shǒujī pāizhào、pāi shìpín
不用 着急。人 还 没 到齐。用 手机 拍照、拍 视频
dōu hěn fāngbiàn.
都 很 方便。

A： Xiǎo Zhāng guòlai le, wǒmen yìqǐ pāi ba.
小 张 过来 了，我们 一起 拍 吧。

B： Tā hǎoxiàng dài shuǐguǒ lai le. Zhēn hǎo!
她 好像 带 水果 来 了。真 好！

A： Pāiwán zhào, wǒmen yìqǐ chī.
拍完 照，我们 一起 吃。

简体字と繁体字

机（機）办（辦）来（來）赶（趕）体（體）齐（齊）视（視）频（頻）像（像）

文法

1 単純方向補語 054

"来"は動詞について、人・事物が動作に伴い、話し手の位置や立場に近づくことを表す。"去"は話し手の位置や立場から遠ざかっていくことを表す。

（1）肯定形

主語	動詞	目的語	方向補語	動態助詞
Sīmǎ xiānsheng 司马 先生	pǎo 跑	＊	lai. 来。	＊
Tā 他	jìn 进	sùshè 宿舍	qu. 去。	＊
Tāmen 他们	huí 回	＊	lai 来	le. 了。

目的語は必ず動詞と"来""去"の間に置く。完了の動態助詞"了"は文末に置く。ただし、目的語に限定語がついている場合は下記のようになる。

主語	動詞		目的語
Tā 他	mǎilai 买来	le 了	hěn duō shuǐguǒ. 很 多 水果。
Tā 他	fālai 发来	le 了	diànzǐ yóujiàn. 电子 邮件。

（2）否定形

主語	否定詞	述語
Tā 他	bú 不	jìnlai. 进来。
Tāmen 他们	bù 不	huí sùshè qu. 回 宿舍 去。
Tā 她	méi you 没（有）	jìn jiàoshì lai. 进 教室 来。
Wǒ 我	méi you 没（有）	dài zhàoxiàngjī qu. 带 照相机 去。

（3）疑問形

主語	動詞	目的語	方向補語	動態助詞	疑問詞
Tā 她	dài 带	lǐwù 礼物	qu 去	le 了	ma? 吗？
Xiǎo Lín 小 林	huí 回	fángjiān 房间	lai 来	le 了	méiyǒu? 没有？

68

2 複合方向補語

"上""下""进""出""回""过""起"の動詞と"来""去"を組み合わせて、動詞の後ろに置いて、動作行為の具体的な動きを表す。

	shàng 上	xià 下	jìn 进	chū 出	huí 回	guò 过	qǐ 起
lai 来	shànglai 上来	xiàlai 下来	jìnlai 进来	chūlai 出来	huílai 回来	guòlai 过来	qǐlai 起来
qu 去	shàngqu 上去	xiàqu 下去	jìnqu 进去	chūqu 出去	huíqu 回去	guòqu 过去	*

（1）肯定形

主語	動詞	目的語	方向補語	動態助詞
Tā 他	zǒu 走	*	xiàlai. 下来。	*
Qìchē 汽车	kāi 开	*	guòlai 过来	le. 了。
Tāmen 他们	zǒujìn 走进	jiàoshì 教室	lai 来	le 了。
Tā 她	chàngqǐ 唱起	gē 歌	lai 来	le. 了。

目的語は"来""去"の前に置く。

目的語が場所詞以外の名詞であり、限定語がついている場合、動態助詞"了"は下記の位置に置き、ふつうは省略する。

主語	動詞	動態助詞	目的語
Tā 他	nájìnlai 拿进来	le （了）	hěn duō huār. 很 多 花儿。

（2）否定形

主語	否定詞	述語
Tā 她	méiyou 没有	zǒushàngqu. 走上去。
Tā 他	méiyou 没有	mǎihuí shuǐguǒ lai. 买回 水果 来。

69

（3）疑問形

主語	述語	疑問詞
Tā 她	yě pǎoshàngqu 也 跑上去	ma? 吗？
Tāmen 他们	zǒujìn lǐtáng lai le 走进 礼堂 来 了	ma? 吗？
Dōngxi 东西	fàngjìnqu le 放进去 了	méiyou? 没有？
Zìxíngchē 自行车	qíjìnlai le 骑进来 了	méiyou? 没有？

3 方向補語の派生義

🎧 056

動詞＋"起来"で「…しはじめる。」

> Zhè jiàn shì, shuōqǐlai róngyi, zuòqǐlai nán.
> 这 件 事, 说起来 容易, 做起来 难。
> このことは言うはたやすいが、行ってみると難しい。

動詞＋"下去"で「…し続ける。」

> Lǎoshīmen xīwàng xuéshengmen néng jìxù xuéxíxiàqu.
> 老师们 希望 学生们 能 继续 学习下去。
> 先生たちは学生たちが勉強を続けていくことを願っています。

70

練習 7

I 日本語に訳しましょう。

❶ 我 妹妹 买回来 一些 水果。（一些：少し）

❷ 太阳 从 东方 升起来 了。（太阳：太陽）（东方：東。東方）（升：登る。上がる）

❸ 他 带 礼物 来 了。

❹ 我 弟弟 没有 带 手机 来。

❺ 他们 跑进来 了。

❻ 她们 跑进 教室 去 了。

II 音声を聴いてピンインに四声符号をつけ、漢字（簡体字）で書きとりましょう。 🎧 057

❶ Tamen yijing padao shanding le, women gankuai shangqu ba.
（爬：登る）（山顶：山頂）

❷ Zou louti hen lei, yinggai zuo dianti shangqu.（楼梯：階段）（电梯：エレベーター）

❸ Ta ganjin paojinlai le.（赶紧：慌てて）

❹ Ni mei kanjian Xu laoshi ma? Wo kanjian ta shang lou qu le.（徐：中国語の姓、徐）

❺ Ta maile liang he biandang huiqu.（盒：小箱に入ったものを数える）（便当：お弁当）

❻ Name piaoliang de beibao, ni shi cong nar mailai de?（背包：リュックサック）

Ⅲ 日本語を参考に、空欄に入れるのに適切な方向補語を選び、文を完成させましょう。

进 / 来 / 起来 / 出 / 去 / 来 / 回

❶ 冬休みになったら、私は実家に帰りたい。
　 放 寒假，我 要 回 老家（　　　）。
　（放寒假：冬休みになる）（老家：実家、故郷）

❷ 彼の話を聞いて、みんな笑い出した。
　 听 了 他 的 话 以后，大家 都 笑 了（　　　）。（笑：笑う）

❸ 母は財布から一万円を取り出した。
　 妈妈 从 钱包 里 拿（　　　）了 一万日元。

❹ すぐ入ってきなさい。会議はもう始まっていますよ。
　 你 快 进（　　　）吧，会议 已经 开始 了。

❺ 先生が（歩いて）教室に入ってきました。
　 老师 走（　　　）教室（　　　）了。

❻ 兄が海外からお土産をいくつか持って帰ってきました。

哥哥 从 国外 带（　　　）一些 礼物 来。

Ⅳ 正しい語順になるように並べ替えましょう。

❶ 彼はテレビを一台買って戻ってきました。（テレビ：彩电）（台：…台）
　　cǎidiàn　mǎihuílai　tā　yì　tái
（彩电，买回来，他，一 台）

❷ 彼らはまた喧嘩し始めました。（また、さらに：又）（喧嘩する：打架）
　　dǎ　jià　kāishǐ　qǐ　láile　yòu　tāmen
（打，架，开始，起，来了，又，他们）

❸ 李さんは走って下りてきました。陳さんは一階から上がっていきました。
　　xià lóu　láile　pǎo　Lǎo Lǐ　　Xiǎo Chén　yì　lóu　shàngqu　le　pǎo　cóng
（下楼，来了，跑，老李）（小陈，一 楼，上去，了，跑，从）

❹ 私は商店から青島ビールを五本買ってきました。
（…から：从）（商店：商店）（青島ビール：青岛啤酒）
　　wǒ　shāngdiàn　cóng　huílai　Qīngdǎo píjiǔ　wǔ　píng　mǎi
（我，商店，从，回来，青岛 啤酒，五 瓶，买）

❺ 楊先生は事務室にいますか？　おりません。彼はすでに家に帰っていきました。
　Yáng xiānsheng bàngōngshì zài ma　búzài　qù le　huíjiā　tā　yǐjīng
（杨 先生，办公室，在，吗?）（不在，去 了，回家，他，已经）

❻ 彼は図書館から本を一冊借りてきました。（借りる：借）
　　yì　běn　shū　cóng　jièlai　le　túshūguǎn　tā
（一 本 书，从，借来 了，图书馆，他）

新出語句

会話 058

zhàoxiàngjī 照相机 [名] カメラ。写真機。
jítǐzhào 集体照 [名] 集合写真。
dàoqí 到齐 [動] みんなそろう。全員到着する。皆集合する。
fāngbiàn 方便 [形] 便利である。都合が良い。ふさわしい。
guò / lai 过来 やってくる。(話し手に向かってくる動作) やってくる。
shuǐguǒ 水果 [名] 果物。

文法 059

Sīmǎ 司马 [名] 司馬。("司马"は中国人の姓)
jìn 进 [動] 1. 入る。進む。 2. (動詞の後につく補語) 移動を表す。
fālai 发来 (メール、FAXなどを) 送る。出す。
diànzǐ yóujiàn 电子邮件 [名] Eメール。
jiàoshì 教室 [名] 教室。
lǐwù 礼物 [名] プレゼント。贈り物。
Xiǎo Lín 小林 林さん。("林"は中国人の姓)
shànglai 上来 (話し手に向かってくる上向きの動作) 上がってくる。
xiàlai 下来 (話し手に向かってくる下向きの動作) 下がってくる。
jìnlai 进来 (話し手に向かってくる動作) 入ってくる。
chūlai 出来 (話し手に向かってくる動作) 出てくる。
huílai 回来 (話し手に向かってくる動作) 戻ってくる。帰ってくる。
qǐlai 起来 (上向きの動作) …しはじめる。
shàngqu 上去 (話し手から離れていく上向きの動作) 上がっていく。
xiàqu 下去 1. (話し手から離れていく下向きの動作) 下がっていく。 2. (動詞の後ろについて) …し続ける。…し続けていく。(派生義)
jìnqu 进去 (話し手から離れていく動作) 入っていく。
chūqu 出去 (話し手から離れていく動作) 出ていく。
huíqu 回去 (話し手から離れていく動作) 戻っていく。
guòqu 过去 通り過ぎていく。
huār 花儿 [名] 花。
lǐtáng 礼堂 [名] 講堂。ホール。
qíjìnlai 骑进来 (自転車、バイクなどに) 乗って入ってくる。
róngyì 容易 [形] やさしい。容易である。簡単である。
jìxù 继续 [動] 続ける。継続する。

練習 060

yìxiē 一些 [数量] 少し。
tàiyáng 太阳 [名] 太陽。
dōngfāng 东方 [名] 東方。東。
shēng 升 [動] 登る。上がる。
pá 爬 [動] 1. 登る。 2. はう。
shāndǐng 山顶 [名] 山頂。
lóutī 楼梯 [名] 階段。
diàntī 电梯 [名] エレベーター。
gǎnjǐn 赶紧 [副] 大慌てで。大急ぎで。慌てて。すぐに。早く。
Xú lǎoshī 徐老师 徐先生。("徐"は中国人の姓)

shànglóu 上楼　建物の上の階に上がって行く。階上へ上がる。
hé 盒　[助数] 小箱に入ったものを数える。
biàndāng 便当　[名] 弁当。
bēibāo 背包　[名] リュックサック。
fàng hánjià 放寒假　冬休みになる。
lǎojiā 老家　[名] 故郷。ふるさと。実家。
xiào 笑　[動] 笑う。
tái 台　[助数] …台。
cǎidiàn 彩电　[名] カラーテレビ。

yòu 又　[副] また。さらに。
dǎ / jià 打架　[動] 喧嘩をする。殴り合いをする。
cóng 从　[前] …から。
shāngdiàn 商店　[名] 商店。
wǔ píng 五瓶　5本。
Qīngdǎo píjiǔ 青岛啤酒　青島ビール。（山東省の名産）
jiè 借　[動] 1．借りる。2．貸す。

第 8 課

歌词，听得懂 吗？
Gēcí, tīngdedǒng ma?

学習ポイント 可能補語

会 話 🎧 061

A：昨天 的 音乐会 怎么样？歌词 听得懂 吗？
　　Zuótiān de yīnyuèhuì zěnmeyàng? Gēcí tīngdedǒng ma?

B：只 能 听懂 一部分。现场 气氛 很 好，非常 开心。
　　Zhǐ néng tīngdǒng yíbùfen. Xiànchǎng qìfen hěn hǎo, fēicháng kāixīn.

A：听 歌、看 电影 都 是 学 外语 的 好 办法。
　　Tīng gē, kàn diànyǐng dōu shì xué wàiyǔ de hǎo bànfǎ.

B：对，我 同意。
　　Duì, wǒ tóngyì.

A：上次 看 中国 电影，提前 预习 了，结果 还是 听不懂。
　　Shàngcì kàn Zhōngguó diànyǐng, tíqián yùxí le, jiéguǒ háishi tīngbudǒng.

B：我 也 一样。看来，还 得 多 说、多 听。
　　Wǒ yě yíyàng. Kànlái, hái děi duō shuō, duō tīng.

百闻不如一见
bǎi wén bù rú yí jiàn

簡体字と繁体字

乐（樂）会（會）词（詞）听（聽）现（現）场（場）气（氣）非（非）开（開）
办（辦）对（對）预（預）结（結）样（樣）

76

文法

1　可能補語 062

可能の助動詞を用いないで、可能・不可能を表す。

（1）動詞が結果補語・方向補語を伴う場合
　　動詞と補語の間に、可能であれば"得"を、不可能であれば"不"を入れる。
　　★方向補語については、第 7 課 68-70 頁を参照。

（a）肯定形と否定形

可能の助動詞の場合	可能補語の場合
Tā néng tīngdǒng wǒ shuō de huà. 他 能 听懂 我 说 的 话。	Tā tīngdedǒng wǒ shuō de huà. 他 听得懂 我 说 的 话。 Tā tīngbudǒng wǒ shuō de huà. 他 听不懂 我 说 的 话。
Wǒ néng zuòwán jīntiān de zuòyè. 我 能 做完 今天 的 作业。	Wǒ zuòdewán jīntiān de zuòyè. 我 做得完 今天 的 作业。 Wǒ zuòbuwán jīntiān de zuòyè. 我 做不完 今天 的 作业。

★肯定形では"能"を併用することができる。
"不能"は禁止を表す。

（b）疑問形

"吗"疑問文	反復疑問文
Xiànzài chūfā, láidejí ma? 现在 出发，来得及 吗？	Xiànzài chūfā, láidejí láibují? 现在 出发，来得及 来不及？
Zhège zì, nǐ xiědechūlái ma? 这个 字，你 写得出来 吗？	Zhège zì, nǐ xiědechūlái xiěbuchūlái? 这个 字，你 写得出来 写不出来？

（2）動詞が（1）以外の場合
　　動詞に"得了"(de liǎo)をつけて肯定を、"不了"(buliǎo)をつけて否定を表す。

（a）肯定形と否定形

可能の助動詞の場合	可能補語の場合
Hòutiān tā néng lái. 后天 他 能 来。	Hòutiān tā láideliǎo. 后天 他 来得了。
Hòutiān tā bù néng lái. 后天 他 不 能 来。	Hòutiān tā láibuliǎo. 后天 他 来不了。

（b）疑問形

"吗"疑問文	反復疑問文
Míngtiān nǐ láideliǎo ma? 明天 你 来得了 吗？	Míngtiān nǐ láideliǎo láibuliǎo? 明天 你 来得了 来不了？
Jīntiān tā qùdeliǎo ma? 今天 他 去得了 吗？	Jīntiān tā qùdeliǎo qùbuliǎo? 今天 他 去得了 去不了？

（c）"V 得了"と"V 不了"の用法（V は動詞を表す）

　単に可能・不可能を表すだけでなく、「その動作を量的に完了できる、できない」「そういうことになりうる、なりえない」の意味も表す。

Fàn tài duō le, wǒ chībuliǎo. 饭 太 多 了，我 吃不了。	ごはんの量が多すぎて、私は食べきれない。
Nǐ fàngxīn ba, wǒ wàngbuliǎo. 你 放心 吧，我 忘不了。	安心してください。私は、忘れられない、忘れるようなことはない。

（3）可能補語の用法

　可能補語は可能・不可能ばかりでなく、結果補語の意味を拡大してほかの意味をつけ加えることができる。特に否定形に特徴が顕著である。

V 不起	値段が高くて～できない	mǎibuqǐ 买不起 chībuqǐ 吃不起
V 不到	品切れで～できない	mǎibudào 买不到 chībudào 吃不到

練習 8

I 日本語に訳しましょう。

❶ 我看不见黑板上的字。（看不见：見えない。見ることができない）

❷ 作业，你做得完做不完？

❸ 你明天来得了来不了？

❹ 我现在有急事，去不了了。（急事：急用）

❺ 我想买新手机，但是买不起。

II 音声を聴いて声調記号（四声）を付け、それから日本語に訳しましょう。 🎧 063

❶ Shangke shi, laoshi jiangde tai kuai, tingbuqingchu jiang de shi shenme. Shei tingdong le?（讲：話す）（听懂：聞いてわかる）

❷ Liang dian kaishi shangke. Ni xianzai qu hai laideji.

❸ Xiexie nin. Wo chide tai duo le, yijing chibuliao le.

❹ Ni zongshi you xiang zuo zhege, you xiang zuo nage, jieguo nage dou zuobucheng. Zenme neng xiangxin ni?（总是：いつも）（做不成：成し遂げることができない）（相信：信用する）

79

❺ Wo maibuqi mingpai.（名牌：ブランド）

❻ Mingtian de wangqiu bisai, ni laideliao ma? Wo laibuliao.（网球：テニス）

Ⅲ　（　　　）の漢字を書き、全体を日本語に訳しましょう。（　　　）の上はその漢字のピンインです。

❶ 我 听 不（ dǒng ）你 说 的 话，请 再 说 一 遍。

❷ 我 做 不（ wán ）今天 的 作业，怎么办？

❸ 来，从 这儿 看 得（ jiàn ）烟火！（烟火：花火）

❹ 每个人 都 有 忘 不（ liǎo ）的 人。

❺ 我 想（ bu ）起来 他 的 名字。

Ⅳ 正しい語順になるように並べ替えましょう。

❶ この小説は図書館で借りることができますか？（借りることができる：借得到）
　　　jièdedào　ma　néng　zhè běn　xiǎoshuō　túshūguǎn　zài
（借得到　吗，能，这 本　小说，图书馆，在，？）

❷ この部屋は少し狭くて、三人では住めません。（住めない：住不下）
　　　zhège　fángjiān　yǒudiǎnr　xiǎo　zhùbuxià　sān　ge　rén
（这个　房间　／　有点儿，小　／　住不下，三　个　人）

❸ このテーブルはあまり重くない。一人で運ぶことができますか？
（運ぶことができる：搬得动）（重い：重）
　zhè zhāng　bù tài zhòng　zhuōzi　bāndedòng　nǐ　yí　ge　rén　ma
（这　张，不 太　重，桌子）（搬得动，你，一　个　人，吗？）

❹ 南国で生産した果物は、日本で買えるものもあれば、買えないものもあります。
（南の国：南国）（生産する：出产）（あるもの：有的）
　nánguó　shuǐguǒ　de　chūchǎn　mǎibudào　yǒude　zài Rìběn　yǒude　mǎidedào
（南国，水果，的，出产／买不到，有的，在 日本，有的，买得到）

❺ 卒業後、仕事を探すことができなかったら、どうしよう。（仕事：工作）（…すべき：该）
　rúguǒ　bìyè　zhǎobúdào　gōngzuò　yǐhòu　zěnmebàn　gāi
（如果，毕业，找不到，工作，以后／怎么办？，该）

❻ この家は値段が高くて買うことができない。もっと安いところはありませんか。少し遠くてもかまいません。（セットになっているものを数える助数詞：套）（家：房子）
　mǎibuqǐ　wǒ　zhè tào　fángzi　piányi　de　yǒu méiyǒu gèng　yìdiǎnr　yuǎn　yě kěyǐ
（买不起，我，这　套　房子）（便宜　的，有没有，更？）（一点儿，远，也 可以）

81

新出語句

会話　064

gēcí 歌词 [名] 歌詞。	[動] 早める。繰り上げる。
tīngdedǒng 听得懂　聞いて理解できる。耳で聴いてわかる。	yùxí 预习 [動] 予習する。
yíbùfen 一部分　一部分。	jiéguǒ 结果 [名] 結果。結局。
xiànchǎng 现场 [名] 現場。その場。現地。	háishi 还是 [副] やはり。依然として。
qìfen 气氛 [名] 気分。雰囲気。空気。	tīngbudǒng 听不懂　聞いて理解できない。聞いてわからない。
kāixīn 开心 [形] 愉快である。楽しい。	yíyàng 一样 [形] 同じである。…みたいだ。
wàiyǔ 外语 [名] 外国語。	kànlái 看来　みたところ…のようだ。
bànfǎ 办法 [名] 方法。やり方。	duō shuō 多说　多く話す。
duì 对　そのとおり。正しい。合っている。	duō tīng 多听　多く聴く。
tóngyì 同意 [動] 同意する。	
tíqián 提前 [副] 事前に。あらかじめ。	

文法　065

zuòwán 做完　し終わる。やり終わる。	qùbuliǎo 去不了　行くことができない。
zuòdewán 做得完　やり終えることができる。	chībuliǎo 吃不了　（量が多くて）食べきれない。
zuòbuwán 做不完　やり終えることができない。	wàngbuliǎo 忘不了　忘れることができない。
chūfā 出发 [動] 出発する。出かける。	mǎibuqǐ 买不起　（値段が高くて）買うことができない。
láidejí 来得及　間に合う。	mǎibudào 买不到　（品切れで）買うことができない。
láibují 来不及　間に合わない。	
xiědechūlái 写得出来　書くことができる。	chībuqǐ 吃不起　値段が高くて食べられない。
xiěbuchūlái 写不出来　書くことができない。	chībudào 吃不到　品切れのために食べられない。
láideliǎo 来得了　来ることができる。	
láibuliǎo 来不了　来ることができない。	
qùdeliǎo 去得了　行くことができる。	

練習　066

kànbujiàn 看不见　見ることができない。見えない。	tīng / dǒng 听懂 [動] 聞いてわかる。聞き取れる。
jíshì 急事 [名] 急用。	zǒngshì 总是 [副] いつも。しょっちゅう。
jiǎng 讲 [動] 話す。説明する。述べる。	zuòbuchéng 做不成　することができな

82

い。やることができない。
xiāngxìn 相信 [動] 信用する。信ずる。
míngpái 名牌 [名] ブランド。
wǎngqiú 网球 [名] テニス。
yānhuǒ 烟火 [名] 花火。
jièdedào 借得到 借りることができる。
zhùbuxià 住不下 住むことができない。住めない。
bāndedòng 搬得动 運ぶことができる。

zhòng 重 [形] 重い。[名] 重さ。
nánguó 南国 [名] 南の国。中国の南方。
chūchǎn 出产 [動] 生産する。
yǒude 有的 [代] あるもの。ある人。
gāi 该 [助動] …するべき。
gōngzuò 工作 [名] 仕事。[動] 働く。
tào 套 [助数] セットになっているものを数える助数詞。
fángzi 房子 [名] 家。家屋。

第 9 课

Niǔyuē de dōngtiān bǐ Dōngjīng gèng lěng
纽约 的 冬天 比 东京 更 冷

学習ポイント
①比較（前置詞"比"を用いて「AはBよりも…だ」）
②類似・同一（前置詞"跟"、"和"を用いて「AはBと同じ」）
③動詞"有"を用いた比較表現

会 话 067

A： Shànghǎi de dōngtiān hé Niǔyuē de dōngtiān nǎge lěng?
上海 的 冬天 和 纽约 的 冬天 哪个 冷？

B： Dāngrán shì Niǔyuē.
当然 是 纽约。

A： Nàme, Dōngjīng de dōngtiān hé Niǔyuē de nǎge lěng?
那么，东京 的 冬天 和 纽约 的 哪个 冷？

B： Niǔyuē de dōngtiān bǐ Dōngjīng gèng lěng.
纽约 的 冬天 比 东京 更 冷。

Dōngjīng de dōngtiān méiyǒu Niǔyuē nàme lěng.
东京 的 冬天 没有 纽约 那么 冷。

Běijīng de dōngtiān hé Niǔyuē chàbuduō, yěxǔ Běijīng gèng lěng ba.
北京 的 冬天 和 纽约 差不多，也许 北京 更 冷 吧。

A： Shànghǎi、Běijīng、Niǔyuē、Dōngjīng, bǐjiàoqǐlai hěn yǒu yìsi.
上海、北京、纽约、东京，比较起来 很 有 意思。

B： Duì. Zhōngguó hé Měiguó fúyuán liáokuò, gèdì qìhòu chāyì hěn dà.
对。中国 和 美国 幅员 辽阔，各地 气候 差异 很 大。

A： Rìběn suīrán miànjī bú dà, dànshì nánběi kuàdù dà,
日本 虽然 面积 不 大，但是 南北 跨度 大，

Běihǎidào hé Chōngshéng de qìhòu wánquán bù yíyàng.
北海道 和 冲绳 的 气候 完全 不 一样。

jǐng dǐ zhī wā
井底之蛙

简体字と繁体字

纽（紐）约（約）当（當）许（許）较（較）候（候）虽（雖）积（積）
冲（沖）绳（繩）

84

文法

 1 前置詞 "比" を用いる比較表現 068

"A 比 B"「A は B より……」、性状や程度の比較に用いる。

（1）肯定形

主語	前置詞	目的語	形容詞
Wǒ dìdi 我 弟弟	bǐ 比	wǒ 我	gāo. 高。
Wǒ 我	bǐ 比	tā 她	xiǎo. 小。

比較するものは動詞句でもよい。★副詞 "很" "真" "非常" "太" は使えない。

（2）動作を比較する場合

主語	前置詞	目的語	述語
Tā 他	bǐ 比	wǒ 我	zǒudemàn. 走得慢。
Tā 他	bǐ 比	wǒ 我	pǎodekuài. 跑得快。
Tā 她	bǐ 比	wǒ 我	qǐdezǎo. 起得早。

（3）疑問形

主語	動詞		前置詞＋名詞	述語	疑問助詞
Nǐ 你	yóuyǒng 游泳	yóude 游得	bǐ tā 比 他	hǎo 好	ma? 吗？
Tā 他	*	*	bǐ nǐ 比 你	dà 大	ma? 吗？

（4）否定形
　　★"没有" を用いる。

　"我弟弟比我高。"　　○ "我弟弟没有我（这么）高。"
　　　　　　　　　　　× "我弟弟不比我高。"

85

2　類似・同一を表す"跟／和…一样"（gēn…yíyàng） 069

（1）肯定形と否定形

主語	"和"or"跟"	目的語	否定詞	"一样"
Tā de kànfǎ 他 的 看法	hé 和	wǒmen de kànfǎ 我们 的 看法	*	yíyàng. 一样。
Wǒ de shǒubiǎo 我 的 手表	gēn 跟	nǐ de shǒubiǎo 你 的 手表	bù 不	yíyàng. 一样。
Nǐ de zhuānyè 你 的 专业	gēn 跟	wǒ de zhuānyè 我 的 专业	bù 不	yíyàng. 一样。

★否定詞の"不"はふつう"一样"の前に置く。

（2）"跟…一样"の後ろに形容詞をつけることもできる。

主語	"跟…一样"	形容詞
Jīnnián dōngtiān 今年 冬天	gēn chūntiān yíyàng 跟 春天 一样	wēnnuǎn. 温暖。

（3）疑問形

主語	"和"or"跟"	目的語	"一样"	疑問助詞
Nǐ de xiǎngfǎ 你 的 想法	hé 和	tā de xiǎngfǎ 她 的 想法	yíyàng 一样	ma? 吗？
Jīntiān de yīnyuèhuì jiémù 今天 的 音乐会 节目	gēn 跟	míngtiān de 明天 的	yíyàng bu yíyàng? 一样 不 一样？	*

3　"有"を用いる比較表現 070

事物や事柄の程度・範囲の分量の基準を決め、その基準に達しているか否かを表す。

（1）肯定形と否定形

主語	動詞	目的語	形容詞
Zhè zuò lóu 这 座 楼	yǒu 有	nà zuò lóu 那 座 楼	nàme gāo. （那么）高。
Zhè jiàn yīfu 这 件 衣服	méiyǒu 没有	nà jiàn yīfu 那 件 衣服	nàme hǎo. （那么）好。
Wǔhàn de xiàtiān 武汉 的 夏天	méiyǒu 没有	Běihǎidào 北海道	nàme liángkuai. （那么）凉快。

★"zhème 这么""nàme 那么"は省略できる。

86

（2）疑問形

主語	動詞	目的語		形容詞	疑問助詞
Dǎ wǎngqiú 打 网球	yǒu 有	dǎ pīngpāngqiú 打 乒乓球	nàme （那么）	róngyì 容易	ma? 吗？
Hánguócài 韩国菜	yǒu 有	Zhōngguócài 中国菜	zhème （这么）	hǎochī 好吃	ma? 吗？

87

練習 9

I 日本語に訳しましょう。

❶ 她 比 我 睡 得 早。

❷ 我 的 看 法 和 她 的 不 一 样。

❸ 他 比 我 大。

❹ 我 比 他 睡 得 晚。

❺ 我 妹 妹 没 有 我 那 么 高。

❻ 东 京 的 冬 天 没 有 北 京 那 么 冷。

II 音声を聴いてピンインに四声符号をつけ、漢字（簡体字）で書きとりましょう。 🎧 071

❶ Dongjing de tianqi he Daban de tianqi bu yiyang.（天气：天気）（大阪：大阪）

❷ Zhe zhang ditu meiyou na zhang name haokan.（张：…枚）（地图：地図）

❸ Dusheng zinü gen xiao huangdi yiyang.
（独生子女：一人っ子）（小皇帝：ちいさい皇帝）

❹ Xue huaxue you xue huabing name rongyi ma?
（滑雪：スキーをする）（滑冰：スケートをする）

❺ Jintian bi zuotian liangkuai ma? Wo juede jintian bi zuotian re yidianr.（热：暑い）

Ⅲ 以下の表は、ある冬の日の各都市の気温です。表をもとに、"比"、"跟"を用いた文を作ってみましょう。

东京	纽约	巴黎	北京	上海	首尔
4.9	1.2	2.5	−2.8	3.2	−1.9

（首尔：ソウル）

❶ 东京、纽约

❷ 纽约、巴黎

❸ 北京、东京

❹ 上海、巴黎

❺ 首尔、纽约

❻ 巴黎、东京

IV 正しい語順になるように並べ替えましょう。

① 彼は中国語を話すのが私より上手です。
　　　　bǐ　wǒ　hǎo　shuō　Hànyǔ　tā shuō　de
（比，我，好，说，汉语，他说，得）

② ニューヨークの物価は東京より高い。（物価：物价）
　　　Dōngjīng　Niǔyuē　wùjià　gāo　de　bǐ
（东京，纽约，物价，高，的，比）

③ この服は、あの服のように素敵ではありません。
　　nà jiàn　zhè jiàn　méiyǒu　yīfu　piàoliang
（那件，这件，没有，衣服，漂亮）

④ シンガポールは台湾より暑いですか？
　　Xīnjiāpō　bǐ　Táiwān　ma　rè
（新加坡，比，台湾，吗，？，热）

⑤ 四川料理は広東料理より美味しいですか？（四川料理：四川菜）（広東料理：广东菜）
　　Sìchuāncài Guǎngdōngcài　bǐ　ma　hàochī
（四川菜，广东菜，比，吗？，好吃）

⑥ 彼の子どもは私の子どもと同じ年齢です。
　　háizi　háizi　tā de　wǒ de　yíyàng　gēn　dà
（孩子，孩子，他的，我的，一样，跟，大）

新出語句

会話

 072

dōngtiān 冬天 [名] 冬。
Niǔyuē 纽约 [名] ニューヨーク。
nǎge / něige 哪个 [代] どれ。どの。
nàme 那么 [接] それでは。それなら。では。
gèng 更 [副] さらに。もっと。より一層。
méiyǒu ... nàme 没有 ... 那么 …ほど…ではない。
fúyuán 幅员 [名] 土地の広さ。領土の面積。
liáokuò 辽阔 [形] 果てしなく広い。広々としている。
gèdì 各地 [名] 各地。

qìhòu 气候 [名] 気候。天候。情勢。
chāyì 差异 [名] 差異。違い。
miànjī 面积 [名] 面積。
nánběi 南北 [名] 南北。
kuàdù 跨度 [名] 支点間距離。スパン。
Běihǎidào 北海道 [名] 北海道。
suīrán ... dànshì ... 虽然 ... 但是 ... …だけれども、しかし…だ。
wánquán 完全 [副] まったく。すべて。完全に。[形] 完全である。そろっている。

文法

073

bǐ 比 [前] …よりも。…に比べて。
gāo 高 [形] 高い。優れている。身長が高い。
xiǎo 小 [形] 若い。年下である。小さい。少ない。小柄である。⇔"大"
kànfǎ 看法 [名] 見方。考え。
Wǔhàn 武汉 [名] 武漢（湖北省）。
xiàtiān 夏天 [名] 夏。サマー。
liángkuai 凉快 [形] 涼しい。爽やかである。
zhuānyè 专业 [名] 専門。専攻。
chūntiān 春天 [名] 春。

wēnnuǎn 温暖 [形] 温暖である。暖かい。温かい。
xiǎngfǎ 想法 [名] 考え方。意見。
jiémù 节目 [名] プログラム。出し物。番組。
zuò 座 [助数] 建物を数える助数詞。
dǎ wǎngqiú 打网球 テニスをする。
dǎ pīngpāngqiú 打乒乓球 卓球をする。
Hánguócài 韩国菜 [名] 韓国料理。
hǎochī 好吃 [形]（食べて）美味しい。

練習

 074

tiānqì 天气 [名] 天気。
Dàbǎn 大阪 [名] 大阪。
zhāng 张 [助数] …枚。
dìtú 地图 [名] 地図。
zhè zhāng dìtú 这张地图 この地図。（"张"は助数詞）
dúshēng zǐnǚ 独生子女 [名] 一人っ子。
xiǎohuángdì 小皇帝 [名] 小さな皇帝。

huá / bīng 滑冰 [動] スケートをする。[名] スケート
rè 热 [形] 暑い。
Shǒu'ěr 首尔 [名] ソウル。大韓民国の首都。
Sìchuāncài 四川菜 [名] 四川料理。
Guǎngdōngcài 广东菜 [名] 広東料理。

91

第 10 课

Wǒ yǐjīng bǎ kèběn xiàzàixiàlai le
我 已经 把 课本 下载下来 了

学習ポイント　①前置詞"把"を用いた表現「…を」
　　　　　　②反語表現

会 話　🎧 075

A：Tiānqì hěn rè, qǐng bǎ chuānghu dǎkāi.
　　天气 很 热，请 把 窗户 打开。

B：Hǎo. Wǒ bǎ chuānghu hé mén dōu dǎkāi le.
　　好。我 把 窗户 和 门 都 打开 了。

A：Qǐng búyào bǎ mén dǎkāi. Qǐng bǎ mén guānshang.
　　请 不要 把 门 打开。请 把 门 关上。

B：Míngbai le. Nǐ yào bu yào dǎsǎo fángjiān?
　　明白 了。你 要 不 要 打扫 房间？

A：Bù, wǒ de fángjiān bú shì hěn gānjìng ma?
　　不，我 的 房间 不 是 很 干净 吗？

B：Zhè hái gānjìng ma?
　　这 还 干净 吗？

·······························

A：Nǐ zěnme kōngshǒu lái shàngkè, nándào méi mǎi kèběn ma?
　　你 怎么 空手 来 上课，难道 没 买 课本 吗？

B：Lǎoshī wǒ yǐjīng bǎ kèběn xiàzàixiàlai le.
　　老师，我 已经 把 课本 下载下来 了。

　　Nín kàn, zài diànnǎo li ne.
　　您 看，在 电脑 里 呢。

mǎ dào chéng gōng
马到成功

简体字と繁体字

热（熱）窗（窗）请（請）关（關）扫（掃）间（間）干（乾）净（淨）
载（載）脑（腦）

文法

1 "把"構文 Ⅰ類 🎧076

★"他 打开 电视 了"(Tā dǎkāi diànshì le)は「彼はテレビをつけました」の意味であるが、ただテレビをつけたのではなく、明確な具体的取り扱いを強調する場合は、"他 把 电视 打开 了"(Tā bǎ diànshì dǎkāi le)と言う。

主語＋動詞＋目的語　→　主語＋"把"＋目的語＋動詞

（1）肯定形

Wǒ zuòwánle jīntiān de zuòyè. 我 做完了 今天 的 作业。 →	Wǒ bǎ jīntiān de zuòyè zuòwán le. 我 把 今天 的 作业 做完 了。
Qǐng dǎkāi diànshì. 请 打开 电视。 →	Qǐng bǎ diànshì dǎkāi. 请 把 电视 打开。

（2）否定形

★否定詞"没有"(méiyou)は必ず"把"(bǎ)の前に置く。

主語	否定詞	述語
Wǒ 我	méi you 没（有）	bǎ zhè jiàn shì gàosu tā. 把 这 件 事 告诉 他。
Tā 她	méiyou 没有	bǎ máoyī chuānshang. 把 毛衣 穿上。
Tā 他	hái méi you 还 没（有）	bǎ xiǎoshuō fānchéng Rìwén. 把 小说 翻成 日文。
Wǒ 我	hái méi you 还 没（有）	bǎ zhuānyè dìngxiàlai. 把 专业 定下来。

（3）疑問形

主語	前置詞	目的語	述語	疑問助詞
Tā 他	bǎ 把	wǒ de shǒujī hàomǎ 我 的 手机 号码	gàosu biéren le 告诉 别人 了	ma? 吗？
Nǐ 你	bǎ 把	mén 门	suǒ le 锁 了	ma? 吗？

参考語句

shàngwǎng 上网	インターネットをする	luànmǎ 乱码	文字化け
shàngzǎi 上载	アップロードをする	yóuxiāng dìzhǐ 邮箱地址	メールアドレス
fā yóujiàn 发邮件	メールを送信する	fā duǎnxìn 发短信	ショートメールを送る
sǎomiáo 扫描	スキャニングする	èrwéimǎ 二维码	QRコード

2 "把"構文 Ⅱ類

動詞＋"在""到""为""成""作"の場合、そのあとに動作の対象となる事物は置けない。
下記の例文では、目的語はこの位置から動かせない。

（１）肯定形

主語	前置詞	目的語	動詞	目的語
Tā 他	bǎ 把	nà shù huā 那 束 花	bǎizài 摆在	zhuōzi shang. 桌子 上。
Tā 她	bǎ 把	bìngrén 病人	sòngdàole 送到了	yīyuàn. 医院。
Tā 他	bǎ 把	qiú 球	rēnggěi 扔给	wǒ le. 我 了。

（２）否定形、疑問形

★否定詞、助動詞、副詞、時間詞は"把"の前に置く。

Qǐng bǎ nà zhāng dìtú guàzài qiáng shang.
请 把 那 张 地图 挂在 墙 上。

Jīntiān bù bǎ zhège wèntí jiějuéhǎo, wǒ jiù shuìbuhǎo jiào.
今天 不 把 这个 问题 解决好，我 就 睡不好 觉。

3 反語の言い方

（１）"难道…吗?"「まさか…ではあるまい」

Wǒ yǐjīng gàosu nǐ hǎo jǐ cì le, nǐ nándào wàng le ma?
我 已经 告诉 你 好 几 次 了，你 难道 忘 了 吗？

（２）"不是…吗?"「…ではないですか？」

疑問文の形であるが、意味上は疑問ではなく、考えや事実を肯定的に強調する。

Nǐ tài kèqi le, nǐ de Yīngwén bú shì hěn hǎo ma?
你 太 客气 了，你 的 英文 不 是 很 好 吗？

（３）"何必"「…しなくてもいいではないですか」

Dǎ ge diànhuà jiù xíng le, hébì qīnzì qù ne?
打 个 电话 就 行 了，何必 亲自 去 呢？

練習 10

I 日本語に訳しましょう。

❶ 大家 把 他 选为 班长 了。（选为：…を選ぶ）（班长：クラスの長）

❷ 我 把 这件事 告诉 他 了。

❸ 请 把 这张 条子 交给 他。（条子：メモ）（交给：…に渡す）

❹ 他 把 孩子 送到了 学校。

❺ 我 看完了 这 本 小说。

❻ 那部 中国 电影 不 是 很 有趣 吗？（有趣：面白い）

II 音声を聴いてピンインに四声符号をつけ、漢字（簡体字）で書きとりましょう。 🎧 079

❶ Ta kan cuole shijian, ba wu dian kancheng liu dian le.（看成：みなす）

❷ Ta meiyou ba nage xiaoxi gaosu wo.（消息：ニュース。知らせ。情報。）

❸ Wo ba yaoshi wangzai fangjian li le.

95

④ Qing ba ni zui nashou de cai gei wo jieshao yixia.（拿手：得意な）

⑤ Bie ba mima wang le.（密码：暗唱番号）

⑥ Wo meiyou ba na zhang zhaopian guazai qiang shang.

Ⅲ 上段の文の説明として、★の文の内容が正しい場合は○、誤りの場合は×をつけましょう。

① 我 把 那本书 带 来 了。
　★说话人 带着 一本书。（　　　）

② 难道 你 没看过 那个 电影？我 是 上个星期 看 的。
　★说话人 看过 那个 电影。（　　　）

③ 请 你 不要 把 手机 打开。
　★我 在 开 手机。（　　　）

④ 我 还 没 做完 今天 的 作业。
　★说话人 已经 把 今天 的 作业 做好 了。（　　　）

⑤ 你 太 客气 了，你 的 英文 不是 很 好 吗？
　★我 的 英文 不太 好。（　　　）

⑥ 你 把 那个 牛奶 放在 冰箱 里，好 吗？
　★说话人 要 把 牛奶 放 在 冰箱 里。（　　　）

Ⅳ 正しい語順になるように並べ替えましょう。

❶ 今から録音を聞き始めます。どうかイヤフォンをつけてください。
（録音：录音）
　　xiànzài　lùyīn　kāishǐ　tīng　　qǐng　ěrjī　bǎ　dàishang
（现在，录音，开始　听）（请，耳机，把，戴上）

❷ 自動車を駐車場に停めてください。（駐車場：停车场）
　tíngchēchǎng　chē　qǐng bǎ　tíng　zài
（停车场，车，请 把，停，在）

❸ 私はまだあの本を読みおわっていません。
　kànwán　wǒ　méiyou　hái　nà běn shū　bǎ
（看完，我，没有，还，那本书，把）

❹ あなたはカメラを持って行きましょう。
　náqu　ba　bǎ　nǐ　zhàoxiàngjī
（拿去，吧，把，你，照相机）

❺ よいではないですか。
　ma　bú shì　hěnhǎo
（吗，不是，很好，？）

❻ あなたはまさかこのニュースを知らないはずはない。
　bù zhīdao　yídìng　nǐ　de　nándào　zhège　xīnwén
（不 知道，一定，你，的，难道，？，这个，新闻）

新出語句

会話　080

bǎ 把 [前] …を。(目的語を前にもってくる。主語＋把＋目的語＋動詞)
dǎ / kāi 打开 [動] 1. 開ける。開く。 2. スイッチを入れる。
míngbai 明白 [動] わかる。理解する。
kōng / shǒu 空手 [動] 何も持たない。手ぶらで。

nándào … ma 难道 … 吗　まさか…ではあるまい。(反語の意を表す)
xiàzài 下载 [動] ダウンロードする。
nín kàn 您看　ほら。ちょっと。(相手に注意をうながす。)

文法　081

zhè jiàn shì 这件事　このこと。("件"は助数詞)
chuān máoyī 穿毛衣　セーターを着る。
fānchéng 翻成　…に訳す。…に翻訳する。
dìng 定 [動] 決める。決定する。
shǒujī hàomǎ 手机号码 [名] 携帯番号。
biéren 别人 [名] ほかの人。他人。
suǒ 锁 [動] 鍵をかける。
nà shù huā 那束花　その花。("束"は助数詞)
bǎizài 摆在　…に並べる。
bìngrén 病人 [名] 病人。
sòngdào 送到　…まで送る。…まで届ける。

yīyuàn 医院 [名] 病院。
qiú 球 [名] 玉。ボール。
rēng 扔 [動] 投げる。ほうる。
shuìbuhǎo jiào 睡不好觉　よく眠ることができない。あまりよく眠れない。
búshì … ma 不是 … 吗　…ではないですか。
hébì 何必 [副] 書面語。どうして…する必要があろうか、そうする必要はない。(反語の意を表す)
qīnzì 亲自 [副] 自ら。自分で。

練習　082

xuǎnwéi 选为　…を選ぶ。…を選挙する。
bānzhǎng 班长 [名] 班長。クラスの長。ルーム委員長。
tiáozi 条子 [名] メモ。
jiāogěi 交给　…に渡す。
yǒuqù 有趣 [形] 面白い。
kànchéng 看成 [動] …と見なす。

xiāoxi 消息 [名] 知らせ。情報。ニュース。
wàngzài 忘在　…に忘れる。
náshǒu 拿手 [形] 得意である。上手である。
mìmǎ 密码 [名] 暗証番号。パスワード。
lùyīn 录音 [名] 録音。
tíngchēchǎng 停车场 [名] 駐車場。

第 11 課

Zhōu xiānsheng bèi pàidào DōngnánYà gōngzuò
周 先生 被 派到 东南亚 工作

学習ポイント　①受身の表現
　　　　　　　　②使役の表現（兼語文）

会 話　083

A： Zhōu xiānsheng bèi pàidào Dōngnán Yà gōngzuò.
　　周 先生 被 派到 东南 亚 工作。

B： Zhēn de? Tā dài jiāshǔ qù ma?
　　真 的？他 带 家属 去 吗？

A： Tā yí ge rén zǒu.
　　他 一 个 人 走。
　　Búguò, jǐ ge yuè hòu jiālirén huì qù.
　　不过，几 个 月 后 家里人 会 去。

B： Míngbai le.
　　明白 了。

A： Zhōu xiānsheng yào zhǔnbèi yíxià xíngli.
　　周 先生 要 准备 一下 行李。
　　Tā shuō zhèxiē zīliào dōu gěi nǐ.
　　他 说 这些 资料 都 给 你。

B： Xièxie. Qíshí, wǒ xiǎng gēn tā jiàn yí miàn, jiāojiē yíxià gōngzuò.
　　谢谢。其实，我 想 跟 他 见 一 面，交接 一下 工作。

xuě zhōng sòng tàn
雪 中 送 炭

簡体字と繁体字

东（東）亚（亞）真（眞）属（屬）后（後）这（這）资（資）给（給）
谢（謝）实（實）

1　受け身の表現 084

（1）肯定形

受動者（人／もの）	受け身の前置詞	主動者（人）	動詞
Chuānghu 窗户	bèi 被	fēng 风	chuīkāi　le. 吹开　了。
Wǒ　de　xìnyòngkǎ 我　的　信用卡	bèi 被	rén （人）	dàoshuā　le. 盗刷　了。
Tā 他	ràng 让	dàifu 大夫	jiùhuó　le. 救活　了。
Wǒ　de　diànzǐ　cídiǎn 我　的　电子　词典	jiào 叫	péngyou 朋友	jièzǒu　le. 借走　了。

特に明示する必要がない場合は、"被"を用いる。"被"は直接動詞につけられる。

（2）否定形

受動者	否定形	前置詞	主動者	動詞
Zhège　wèntí 这个　问题	méiyou 没有	jiào 叫	dàjiā 大家	tíchūlai. 提出来。
Wǒ 我	méiyou 没有	bèi 被	dàyǔ 大雨	línshī. 淋湿。

★否定には"没有"を用いる。"了"は文末につけない。

（3）疑問形

受動者	前置詞	主動者	動詞	疑問助詞
Nǐ　de　píngbǎn　diànnǎo 你　的　平板　电脑	jiào 叫	Xiǎo Yáng 小　杨	názǒu　le 拿走　了	ma? 吗？
Wǒ　de　zuòwén 我　的　作文	bèi 被	lǎoshī 老师	pīpíng　le 批评　了	ma? 吗？

兼語文（使役の表現） 085

名詞1	動詞1	名詞2（兼語）	動詞2
Wǒ 我	cuī 催	Lǎo Zhào 老赵	zǎodiǎnr lái. 早点儿来。
Māma 妈妈	ràng 让	wǒ 我	qù mǎi dōngxi. 去买东西。
*	Yǒu 有	rén 人	zhǎo nǐ. 找你。

　名詞2はいずれも動詞1の目的語であると同時に、動詞2の主語になっており、名詞2が2種類の品詞の機能を兼ねている。

　動詞1が、（1）使役の動詞、（2）使役性の動詞、（3）動詞"有"に大別される。

（1）使役動詞を用いる場合

主語	使役動詞	兼語	動詞など
Zhège xiāoxi 这个消息	shǐ 使	tā 他	hěn yúkuài. 很愉快。
Wǒ fùqin 我父亲	ràng 让	wǒ 我	qù Xīnjiāpō xuéxí. 去新加坡学习。
Lǎoshī 老师	jiào 叫	wǒmen 我们	bèi kèwén. 背课文。

★否定詞は使役動詞の前に置く。

（2）使役性の動詞を用いる場合

依頼・懇願	qǐng 请	使役性	pài yāoqiú 派、要求	許可	yǔnxǔ zhǔn 允许、准

主語	否定詞	動詞	兼語	動詞
Chén xiānsheng 陈先生	*	qǐng 请	wǒmen 我们	chīfàn. 吃饭。
Yīshēng 医生	bú 不	ràng 让	tā 他	chūyuàn. 出院。
Gōngsī 公司	méiyou 没有	pài 派	tā 他	qù Xīnjiāpō gōngzuò. 去新加坡工作。

（3）動詞"有"を用いる場合

主語	動詞	兼語	述語
Gǔshíhou 古时候	yǒu 有	ge shīrén 个诗人	jiào Lǐ Bái. 叫李白。

★否定形は成立しない。

練 習 11

I 日本語に訳しましょう。

① 老师 不 让 学生 玩儿 电子 游戏。

② 他 今天 被 汽车 撞 了。（撞：ぶつかる）

③ 古时候 有 个 诗人 叫 杜甫。（杜甫：盛唐の詩人）

④ 我 请 她们 吃饭。

⑤ 我 父母 让 我 去 海外 留学。

⑥ 我 的 钱包 被 人 偷 了。（偷：盗む）

II 音声を聴いてピンインに四声符号をつけ、漢字（簡体字）で書きとりましょう。 086

① Ni de xiangfa feichang hao, danshi rang wo haohaor xiangyixiang.

② Jintian shijian hen jin, shangsi rang ni jiaban ma?
（紧：余裕がない、ゆとりがない、きつい）（上司：上司）（加班：残業する）

③ Gongsi jueding pai ta qu Dongnan Ya gongzuo.（决定：決定する）

④ Wo bei zhe ben shu gandong le.（感动：感動する）

❺ Ta Changchang qing women dao ta jia qu chifan.

Ⅲ （　　）に入れるのに最も適した語を以下A～Cから一つずつ選び、文を完成させ、日本語に訳しましょう。

A 被　　B 派　　C 让

❶ 姐姐（　）我 去 买 东西。

❷ 我的衣服（　）雨淋湿了。

❸ 小王（　）老师 批评 了。

❹ 公司（　）他 去 美国 工作。

❺ 我的钱包（　）人偷了。（盗んだ：偷了）

104

Ⅳ 正しい語順になるように並べ替えましょう。

❶ 彼は交通事故に遭いました。救急車で病院に運ばれました。
（交通事故：车祸）（救急車：救护车）
（车祸，他，出了）（医院，被，救护车，送到，去了）

---

❷ 彼は今朝車にぶつかりました。
（撞了，他，今天早上，被，汽车）

---

❸ 彼にはもうひとり莉莉という妹がいます。
（莉莉，一个妹妹，他，还有，叫）

---

❹ 私はあなたと相談したいことがあります。（…と相談する：跟…商量）
（商量，跟，您，要，一件事，我，有）

---

❺ 両親は私がたばこを吸うのを許しません。
（抽烟，我父母，我，让，不）

新出語句

会話 🎧 087

Zhōu 周	名	周。(中国人の姓)
bèi 被	前	…に…される。(受身・被害を表す)
pài 派	動	派遣する。遣わす。
Dōngnán Yà 东南亚	名	東南アジア。
xíngli 行李	名	荷物。
zhèxiē 这些		これら。"些"は複数を表す。
zīliào 资料	名	資料。データ。
jiàn/miàn 见面	動	会う。…と会う。"跟…见面"。★"见面他"とは言わない。
jiāojiē 交接	動	1. 引き継ぐ。2. 連絡する。3. つなぐ。
gōngzuò 工作	名	仕事。動 働く。

文法 🎧 088

xìnyòngkǎ 信用卡	名	クレジットカード。
dàoshuā 盗刷	動	スキミングする。
ràng 让	前	…に…される。
dàifu 大夫	名	医者。
jiùhuó le 救活了		助けて生き返らせた。助けた。救助した。
jiào 叫	前	…に…される。
dàyǔ 大雨	名	大雨。豪雨。
línshī 淋湿	動	びっしょり濡れる。
Xiǎo Yáng 小杨		楊さん。("楊"は中国人の姓)
názǒule 拿走了		持って行く。持って去った。持って行ってしまった。
pīpíng 批评	動	批評する。批判する。名 批評。批判。
cuī 催	動	うながす。催促する。急き立てる。
Lǎo Zhào 老赵		趙さん。("趙"は中国人の姓)
shǐ 使	動	…させる。
yúkuài 愉快	形	愉快である。楽しい。
bèi kèwén 背课文		教科書の本文を暗記する。
qǐng 请	動	1. 依頼する。頼む。2. おごる。ごちそうする。招待する。3. どうか。どうぞ…してください。
yāoqiú 要求	動	要求する。求める。
yǔnxǔ 允许	動	許す。許可する。
zhǔn 准	動	許す。許可する。
yīshēng 医生	名	医者。
chū/yuàn 出院	動	退院する。⇔ "住院"
gǔshíhou 古时候		昔。
shīrén 诗人	名	詩人。
Lǐ Bái 李白	名	李白。(盛唐の詩人)

練習 🎧 089

zhuàng 撞	動	ぶつかる。出会う。
Dù Fǔ 杜甫	名	盛唐の詩人。
tōu 偷	動	盗む。
jǐn 紧	形	余裕がない。ゆとりがない。きつい。
shàngsi 上司	名	上司。
jiā/bān 加班	動	残業する。
juédìng 决定	動	決める。決定する。
gǎndòng 感动	動	感動する。
tōule 偷了		盗んだ。
chēhuò 车祸	名	交通事故。
jiùhùchē 救护车	名	救急車。
Lìli 莉莉	名	莉莉。(人名)。
gēn shāngliang 跟…商量		…と相談する。

唐诗（五言绝句）

夜思 Yè sī　李白 Lǐ Bái

床前明月光，Chuáng qián míng yuè guāng,

疑是地上霜。yí shì dì shàng shuāng.

举头望明月，Jǔ tóu wàng míng yuè,

低头思故乡。dī tóu sī gù xiāng.

第 12 课

你想吃什么，我就给你做什么
Nǐ xiǎng chī shénme, wǒ jiù gěi nǐ zuò shénme

学習ポイント
①疑問詞の呼応表現
②疑問詞の特殊用法
③数に関する表現（100以上の数、小数点、パーセント、加減乗除）
④前置詞"给"を用いた表現「…に」

会話 090

A：妈妈，我肚子饿了。
　　Māma, wǒ dùzi è le.

B：你想吃什么，我就给你做什么。
　　Nǐ xiǎng chī shénme, wǒ jiù gěi nǐ zuò shénme.

A：我要吃水饺。
　　Wǒ yào chī shuǐjiǎo.

B：喜欢什么馅儿的？海鲜的，还是猪肉的？
　　Xǐhuan shénme xiànr de? Hǎixiān de, háishi zhūròu de?

A：都喜欢。妈妈做的水饺，什么馅儿的都好吃。
　　Dōu xǐhuan. Māma zuò de shuǐjiǎo, shénme xiànr de dōu hǎochī.

B：嘴真甜，好，我给你包。
　　Zuǐ zhēn tián, hǎo, wǒ gěi nǐ bāo.

……………………………………

A：今天的牌价怎么样？一美元大概多少日元？
　　Jīntiān de páijià zěnmeyàng? Yì měiyuán dàgài duōshao rìyuán?
　　汇率是多少？
　　Huìlǜ shì duōshao?

B：一美元 157.17 日元。
　　Yì měiyuán yìbǎi wǔshiqī diǎnr yī qī rìyuán.

A：那么，人民币一元换多少日元？
　　Nàme, rénmínbì yì yuán huàn duōshao rìyuán?

B：21.67 日元。
　　Èrshiyī diǎnr liù qī rìyuán.

简体字と繁体字

妈（媽）饿（餓）饺（餃）馅（餡）鲜（鮮）猪（豬）价（價）概（概）
汇（匯）币（幣）换（換）

文 法

1 疑問詞の呼応表現 091

中国語で前の文、後の文にそれぞれ同一の疑問詞を用いた文がある。
前の文の疑問詞で、任意の人・事物・方法・数量などを示し、後の疑問詞でそれを受けて説明する。

Nǐ xiǎng hē shénme, jiù hē shénme.
你 想 喝 什么，就 喝 什么。

Lǎoshī zěnme shuō, nǐ jiù zěnme zuò.
老师 怎么 说，你 就 怎么 做。

Nǐ nǎtiān yǒu kòngr, wǒ jiù nǎtiān qù zhǎo nǐ.
你 哪天 有 空儿，我 就 哪天 去 找 你。

2 疑問詞の特殊用法 092

任意の人・事物・場所・方式を指す場合
副詞 "也" "都" とともに用い、その範囲内では例外がないことを示す。

Zuòzài nǎr hǎo ne? Nǎr dōu xíng.
坐在 哪儿 好 呢？哪儿 都 行。

Shéi yě bù zhīdào tā qù nǎr le.
谁 也 不 知道 他 去 哪儿 了。

3 100以上の数の言い方 093

100：	yìbǎi 一百		1000：	yìqiān 一千
200：	èrbǎi liǎngbǎi 二百, 两百		2000：	èrqiān liǎngqiān 二千, 两千
201：	èrbǎi líng yī 二百 零 一		4001：	sìqiān líng yī 四千 零 一
510：	wǔbǎi yī shí 五百 一（十）		4020：	sìqiān líng èrshí 四千 零 二十
330：	sānbǎi sān shí 三百 三（十）		10000：	yíwàn 一万

4 小数点の言い方 094

3.14	sān diǎnr yī sì 三 点儿 一四
0.827	líng diǎnr bā èr qī 零 点儿 八二七
29.31	èrshijiǔ diǎnr sān yī 二十九 点儿 三一

小数点は、"点儿(diǎnr)" と読む。

109

5　パーセントの言い方　　　095

85%	bǎi fēn zhī bāshiwǔ 百 分 之 八十五
90%	bǎi fēn zhī jiǔshí 百 分 之 九十

6　加減乗除の言い方　　　096

4 + 8 = 12	Sì jiā bā děngyú shí'èr 四 加 八 等于 十二
9 − 6 = 3	Jiǔ jiǎn liù děngyú sān 九 减 六 等于 三
5 × 6 = 30	Wǔ chéng liù děngyú sānshí 五 乘 六 等于 三十
30 ÷ 3 = 10	Sānshí chú sān děngyú shí 三十 除 三 等于 十

7　前置詞の用法："给"「…に」　　　097

Wǒ jīnwǎn gěi nǐ dǎ diànhuà.
我 今晚 给 你 打 电话。
Tā gěi wǒ fā diànzǐ yóujiàn.
他 给 我 发 电子 邮件。
Qǐng gěi wǒ kàn yíxià.
请 给 我 看 一下。

参考　動詞の"给"　　　098

Wǒ gěi nǐ yì běn shū.
我 给 你 一 本 书。私はあなたに本を一冊あげます。

(Zuì hǎo de) dōu gěi nǐ.
(最 好 的) 都 给 你。（一番良いものを）あなたにあげます。

110

練習 12

I 日本語に訳しましょう。

① 你想说什么，就说什么。

② 那个多少钱？两千八。

③ 你想喝点儿什么吗？

④ 他每天给我发电子邮件。

⑤ 你什么时侯来都可以。

II 音声を聴いてピンインに四声符号をつけ、漢字（簡体字）で書きとりましょう。　099

① Shi'er dian laibuji, zenme ye ganbushang mobanche.（赶不上：間に合わない）（末班车：終電）

② Zhe ci kaoshi feichang nan, jigelü shi bai fen zhi shi.（及格率：合格率）

③ Bai fen zhi liushi.

④ Jiu jia er dengyu shiyi.

⑤ Wo gei ta xie xin.（信：手紙）

111

❻ Liang bai liu shi si kuai qian.

⸻

Ⅲ （　　）の漢字を書き、全体を日本語に訳しましょう。（　　）の上はその漢字のピンインです。

❶ 四百四十（chéng　　）十四 是 多少?

❷ 下次 我（gěi　　）你 做 日本菜。（下次：今度、次回）

❸ 你 想 吃（shénme　　），就 吃（shénme　　）。

❹ 两千八百 除 三十五（děngyú　　）八十。

Ⅳ 正しい語順になるように並べ替えましょう。

❶ 日本の消費税の税率はどのくらいですか？（消費税：消费税）（税率：税率）
　　duōshao　xiāofèishuì　de　Rìběn　shuìlǜ　shì
（多少，消费税，的，日本，税率，是）

❷ 150プラス220の（合計は）いくつですか？
　　yìbǎiwǔ　duōshao　jiā　děngyú　　liǎngbǎi'èr
（一百五，多少，加，等于，?，两百二）

❸ 飛行機は午後１時に離陸します。12時半に搭乗開始です。

（離陸する：起飞）（搭乗する：登机）
(飞机 fēijī, 下午 xiàwǔ, 起飞 qǐfēi, 一点 yìdiǎn)(十二点半 shí'èrdiǎnbàn, 登机 dēngjī, 开始 kāishǐ)

❹ どうか１万円貸していただけますか？

(好 hǎo, 吗 ma, 日元 rìyuán, ？, 一万 yíwàn, 借给 jiègěi, 我 wǒ, 请 qǐng)

❺ 買いたいものを何でも買いなさい。

(什么 shénme, 买 mǎi, 你 nǐ, 想 xiǎng／什么 shénme, 就 jiù, 买 mǎi)

❻ この事は誰でも（皆）知っています。

(件 jiàn, 这 zhè, 事 shì／知道 zhīdao, 都 dōu, 谁 shéi)

bù lǎo cháng shòu
不老长寿

113

新出語句

会話 🎧100

è 饿 [形] お腹がすく。空腹である。ひもじい。
xiànr 馅儿 [名] あん。(餃子の具、中身)
hǎixiān 海鲜 [名] 海鮮。
zhūròu 猪肉 [名] 豚肉。
shuǐjiǎo 水饺 [名] 水餃子。
bāo 包 [動] 包む。作る。
bāo jiǎozi 包饺子　餃子を包む。
zuǐ / tián 嘴甜 [形] 口がうまい。(マイナスの意味)
páijià 牌价 [名] 外国為替レート。公定相場。
měiyuán 美元 [名] 米ドル。
dàgài 大概 [副] 大体。おおよそ。
huìlǜ 汇率 [名] 兌換率。為替レート。為替相場。
diǎnr・(点儿) [名] 点。(レートや小数点はアル化して読むことが多い。)
rénmínbì 人民币 [名] 人民元。

文法 🎧101

nǎtiān 哪天 [代] どの日。いつの日か。
xíng 行　良い。了解した。わかった。(相手の言うことに同意する。)
bǎi 百 [名] 百。
líng 零 [名] ゼロ。
qiān 千 [名] 千。
wàn 万 [名] 万。
bǎi fēn zhī 百分之　百分の…。%（パーセント）。
jiā 加 [動] 加える。たす。
děngyú 等于 [動] 等しい。＝ イコール。
jiǎn 减 [動] － 引く。
chéng 乘 [動] × かける。
chú 除 [動] ÷ 割る。
gěi 给 [前] …に。[動] 与える。あげる。
fā 发 [動] 送り出す。発送する。
fā diànzǐ yóujiàn 发电子邮件　Eメールを送る。

練習 🎧102

gǎnbushàng 赶不上　間に合わない。
mòbānchē 末班车 [名] 終電。最終バス。最終の時間の乗り物。
jí / gé 及格 [動] 合格する。試験に受かる。
jígélǜ 及格率 [名] 合格率。
xìn 信 [名] 手紙。
xiàcì 下次 [名] 今度。次回。
xiāofèishuì 消费税 [名] 消費税。
shuìlǜ 税率 [名] 税率。
qǐfēi 起飞 [動] 離陸する。
dēngjī 登机 [動] 飛行機に搭乗する。

114

第 13 課

既然咱们都有具体的目标，就好好儿努力

学習ポイント 複文（1）

会話 🎧 103

A: 你要学什么专业？

B: 我要学经济。

A: 为什么呢？

B: 因为我希望将来做金融类的工作，所以必须学经济。你有什么打算？

A: 我想学经营。我对经营很感兴趣，另外，也要继承家业。

B: 既然咱们都有具体的目标，就好好儿学习吧。

A: 你说得对，只要努力奋斗，就一定会梦想成真。

自力更生，艰苦奋斗。

簡体字と繁体字

专（專）业（業）经（經）济（濟）营（營）将（將）融（融）兴（興）趣（趣）继（繼）体（體）标（標）梦（夢）

文法

単文がふたつ、またはふたつ以上、対等の関係で並び、しかも接続詞または副詞で連結された文を複文という。

1 "既然…，就…"（jìrán…, jiù…）　　104

「…である以上、…」　実現または確実になった事実にもとづき、推測を表す。
"就"(jiù)は"也"(yě)でも"还"(hái)でもよい。

> Jìrán bù míngbai, jiù qù wènwen biéren, búyào hàixiū.
> 既然 不 明白，就 去 问问 别人，不要 害羞。
>
> Jìrán shìjiè biànhuà zhème kuài, wǒmen jiù gèng yīnggāi nǔlì le.
> 既然 世界 变化 这么 快，我们 就 更 应该 努力 了。

2 "只要…，就…"（zhǐyào…, jiù）"只有…，才…"（zhǐyǒu…, cái…）　　105

「…しさえすれば、…」「…だけが、…」　ある条件が整えば、結果が出せることを表す。
"只有"(zhǐyǒu)は唯一の条件である。

> Zhǐyào zuò shǒushù, nǐ zhè bìng jiù néng hǎo.
> 只要 做 手术，你 这 病 就 能 好。
>
> Zhǐyǒu zuò shǒushù, nǐ zhè bìng cái néng hǎo.
> 只有 做 手术，你 这 病 才 能 好。
>
> Zhǐyào nǔlì, yídìng néng kǎoshàng dàxué.
> 只要 努力，一定 能 考上 大学。
>
> Zhǐyǒu nǔlì, cái néng kǎoshàng dàxué.
> 只有 努力，才 能 考上 大学。

116

参考 "就是…, 也…"（jiùshì…, yě…）"即使…, 也…"（jíshǐ…, yě…） 106

「たとえ…でも、…」仮定の条件と譲歩を表す。

> Jiùshì tiānqì bùhǎo, yě yào qù.
> 就是 天气 不好，也 要 去。
>
> Jíshǐ bú rènshi de rén, yě yào lǐmào duìdài.
> 即使 不 认识 的 人，也 要 礼貌 对待。
>
> Jíshǐ gōngzuò hěn máng, yě yào xiūxi yì tiān.
> 即使 工作 很 忙，也 要 休息 一 天。

参考 "不但…, 而且…"（búdàn…, érqiě…） 107

「…であるばかりでなく、しかも…」前述したことに、もうひとつ追加することを表す。
"不但"(búdàn)は"不仅"(bùjǐn)でもよい。

> Zhè jiàn yīfu búdàn hǎokàn, érqiě jiàqián yě piányi.
> 这 件 衣服 不但 好看，而且 价钱 也 便宜。
>
> Xiànzài búdàn yào xuéhǎo zìjǐ de zhuānyè, érqiě hái yào xuéhuì diànnǎo.
> 现在 不但 要 学好 自己 的 专业，而且 还 要 学会 电脑。
>
> Chén lǎoshī búdàn jièle jiǔ, érqiě hái jièle yān.
> 陈 老师 不但 戒了 酒，而且 还 戒了 烟。

練習 13

I 日本語に訳しましょう。

1. 她不但会说英语，而且会说汉语。

2. 只要一个星期，我可以出院了。

3. 只要努力，一定能找到工作。

4. 既然她一定要去，我就不反对了。（反对：反対する）

II 音声を聴いてピンインに四声符号をつけ、漢字（簡体字）で書きとりましょう。 108

1. Ta budan maguo wo, erqie hai daguo wo.（骂：怒鳴る、ののしる）（打：殴る）

2. Jiushi ta lai, ye jiejuebuliao wenti, hen yihan.（遺憾：残念である）

3. Zhiyao nuli, yiding neng kaoshang daxue.

4. Ta budan hui shuo Putonghua, erqie hai hui shuo Guangdonghua.

❺ Jiran jueding le, jiu dei zuo.

Ⅲ （　　　　）の漢字を書き、全体を日本語に訳しましょう。（　　　　）の上はその漢字のピンインです。

❶ （ Zhǐyǒu ） 这么 做，才 能 解决 问题。
（这么：こんなに、このように）

❷ （ Jíshǐ ） 明天 下雨，我 也 要 去。

❸ （ Zhǐyào ） 我们 不断 努力，就 可以 不断 进步。
（不断：絶えず、絶え間なく）

❹ 我朋友 不但 会 说 汉语，（ érqiě ）也 会 说 西班牙语。

Ⅳ 正しい語順になるように並べ替えましょう。

❶ 彼はインフルエンザに感染したので、一週間授業に出られません。
（インフルエンザ：流感）（感染する：感染）
（流感，感染 了，他，因为 ／ 一个星期，所以，不能，上课）
liúgǎn gǎnrǎn le tā yīnwèi yí ge xīngqī suǒyǐ bù néng shàngkè

❷ 彼は卒業した後、理想の仕事を探せたばかりでなく、彼女も見つかりました。
（恋人、特定の相手、彼氏、彼女：对象）
（毕业 以后，他 ／ 不但，理想 的 工作，找到了 ／ 而且，对象，还，找到了）
bìyè yǐhòu tā búdàn lǐxiǎng de gōngzuò zhǎodàole érqiě duìxiàng hái zhǎodàole

❸ 私たちは具体的な目標がある以上、しっかり努力しましょう。
（目标，具体的，都有，我们，既然 ／ 努力，就，好好儿，吧）
mùbiāo jùtǐ de dōu yǒu wǒmen jìrán nǔlì jiù hǎohāor ba

❹ 彼はボランティア活動に参加したばかりでなく、寄付をしました。
（ボランティア活動：义工）（寄付をする：捐款）
（义工，他，不但，参加 ／ 而且，捐了款，还）
yìgōng tā búdàn cānjiā érqiě juānle kuǎn hái

❺ 平和に暮らせさえすれば、満足です。（平和に：平平安安）（満足である：满意）
（满意，能，只要，了，平平安安地，下去，生活，就）
mǎnyì néng zhǐyào le píngpíng'ān'ānde xiàqu shēnghuó jiù

新出語句

会話

jīngjì 经济 [名] 経済。
jīnróng lèi 金融类 [名] 金融業界。
bìxū 必须 [副] 必ず…ねばならない。
jīngyíng 经营 [名] 経営。[動] 経営する。
duì 对 [前] …に対して。…について。
gǎn xìngqù 感兴趣 関心を持つ。興味を持つ。
lìngwài 另外 [接] それから。そのほか。
jìchéng 继承 [動] 受け継ぐ。継承する。相続する。
jiāyè 家业 [名] 家業。世襲の職業。家産。
jìrán ... jiù ... 既然 ... 就 ... [接] …である以上…。…であるからには…。
jùtǐ 具体 [形] 具体的な。⇔ 抽象。
mùbiāo 目标 [名] 目標。ターゲット。
hǎohāor 好好儿 [副] よく。ちゃんと。しっかりと。
zhǐyào ... jiù ... 只要 ... 就 ... [接] …しさえすれば…。
fèndòu 奋斗 [動] （目標に向かって）奮闘する。頑張る。力を尽くす。
yídìng 一定 [副] 必ず。きっと。[形] あるレベルの。
mèng xiǎng chéng zhēn 梦想成真 夢が現実になる。夢が叶う。

文法

hài / xiū 害羞 [動] 恥ずかしがる。きまりが悪い。はにかむ。
shìjiè 世界 [名] 世界。ワールド。
biànhuà 变化 [名] 変化。
bìng 病 [名] 病気。
zhǐyǒu ... cái ... 只有 ... 才 ... [接] ただ…だけが。…してはじめて…。
shǒushù 手术 [名] 手術。
jiùshì ... yě ... 就是 ... 也 ... [接] たとえ…でも。
bú rènshi 不认识 [形] 知らない。
lǐmào 礼貌 [形] 礼儀正しい。
duìdài 对待 [動] 対応する。扱う。[名] 対応。
búdàn ... érqiě ... 不但 ... 而且 ... [接] …であるばかりでなく、しかも…。
jiè / jiǔ 戒酒 [動] お酒を止める。禁酒する。
jiè / yān 戒烟 [動] 煙草を止める。禁煙する。

練習

lǚyóu 旅游 [名] 旅行。[動] 観光する。
fǎnduì 反对 [動] 反対する。叱責する。
mà 骂 [動] 罵る。
dǎ 打 [動] 殴る。打つ。
yíhàn 遗憾 [形] 残念である。遺憾に思う。心残りである。
zhème 这么 [代] こんなに。このように。
búduàn 不断 [副] 絶えず。しきりに。絶え間なく。
gǎnrǎn 感染 [動] 感染する。伝染する。
liúgǎn 流感 [名] インフルエンザ。
xīnguān bìngdú 新冠病毒 [名] 新型コロナウイルス。COVID-19。[参考]
duìxiàng 对象 [名] 特定の交際相手。恋人。

yìgōng 义工 [名]ボランティア活動。

juānkuǎn 捐款 [動]金を寄付する。[名]寄付金。

píng'ān 平安 [形]平穏無事である。平安である。"平平安安"AABB型形容詞。

… de … 地 [助]動詞を修飾する副詞を作る。…に。連用修飾語を作る。

mǎnyì 满意 [動]満足である。

第 14 課

Wǒ yìbiān xué Yīngyǔ, yìbiān xué jīngyíng
我 一边 学 英语，一边 学 经营

> 学習ポイント　複文（2）

会話　🎧 112

Wǒ juéde, Hànyǔ suīrán yuè xué yuè nán, dànshì hěn yǒu yìsi.
A：我 觉得，汉语 虽然 越 学 越 难，但是 很 有 意思。

Shì ma? Hánjià wǒ zhǔnbèi qù Běijīng xué Hànyǔ.
B：是 吗？寒假 我 准备 去 北京 学 汉语。

Zhēn hǎo! Lián wǒ zhège Yīngyǔ zhuānyè de rén dōu xiǎng qù.
A：真 好！连 我 这个 英语 专业 的 人 都 想 去。

Wǒ juéde, chúle Yīngyǔ, Hànyǔ xuéxí yě hěn zhòngyào.
C：我 觉得，除了 英语，汉语 学习 也 很 重要。

Nǐ shuōde duì, xué wàiyǔ kěyǐ kuòdà shìyě,
A：你 说得 对，学 外语 可以 扩大 视野，

jiéjiāo wàiguó péngyou.
结交 外国 朋友。

Rúguǒ xiǎng zài Liánhéguó gōngzuò, tīngshuō chúle xuéhǎo Yīngyǔ yǐwài,
B：如果 想 在 联合国 工作，听说 除了 学好 英语 以外，

hái yào yǒu shuòshì yǐshàng de xuéwèi.
还 要 有 硕士 以上 的 学位。

Kànlái, chúle wàiyǔ, hái yào zhòngshì zìjǐ de zhuānyè.
C：看来，除了 外语，还 要 重视 自己 的 专业。

Shì a. Wǒ juédìng yìbiān xué Yīngyǔ, yìbiān xué jīngyíng.
B：是 啊。我 决定 一边 学 英语，一边 学 经营。

lǐ yú tiào lóng mén
鲤鱼跳龙门

> 簡体字と繁体字

觉（覺）连（連）专（專）业（業）习（習）扩（擴）结（結）联（聯）
说（說）硕（碩）

文法

1 "虽然…，但是…"（suīrán…, dànshì…） 🎧 113

「…だけれども、しかし…」 事実を認めたうえで逆接を表す。

> Suīrán tā zì jǐ méiyǒu běnshì, dànshì tā yǒu hòumén.
> 虽然 他 自己 没有 本事，但是 他 有 后门。
>
> Suīrán tā xuéxí yònggōng, dànshì chéngjì hái bútài lǐxiǎng.
> 虽然 她 学习 用功，但是 成绩 还 不太 理想。

2 "除了…以外，还，也，都"（chūle…yǐwài, hái, yě, dōu） 🎧 114

「…以外は（…を除いて）、…」 添加および排除の複文を作る。

（1）既知のもののほかに、新たにそれ以外のものを追加する意味を表す。

> Chúle chī yào yǐwài, hái yào hǎohāor xiūxi.
> 除了 吃 药 以外，还 要 好好儿 休息。
>
> Chúle zhè zhǒng bànfǎ yǐwài, hái yǒu biéde bànfǎ.
> 除了 这 种 办法 以外，还 有 别的 办法。

（2）特殊な例を除き、その他が一致することを表す。

> Chúle tā shì Běijīngrén, wǒmen dōu shì Shànghǎirén.
> 除了 他 是 北京人，我们 都 是 上海人。
>
> Chúle tā shì nèiháng, qítā rén dōu shì wàiháng.
> 除了 她 是 内行，其他 人 都 是 外行。

> Gōngsī li chúle tā yǐwài, dōu bú huì Hànyǔ.
> 公司 里 除了 他 以外，都 不 会 汉语。
>
> Chúle tā yǐwài, shéi yě méi you chīguo Běijīng kǎoyā.
> 除了 他 以外，谁 也 没（有）吃过 北京 烤鸭。

3 "如果…"（rúguǒ…）"要是…的话，就…"（yàoshi…dehuà, jiù…）★第1課16頁、"如果"参照。 115

「もし…ならば、…」 仮定を表す。

Rúguǒ nǐ pèngdào zhè zhǒng qíngkuàng, huì zěnme bàn?
如果 你 碰到 这 种 情况，会 怎么 办？

Yàoshi nǐ xǐhuan zhè běn shū, wǒ jiù sònggěi nǐ ba.
要是 你 喜欢 这 本 书，我 就 送给 你 吧。

Yàoshi qù Běijīng de huà, yīnggāi qù Wàn Lǐ Chángchéng.
要是 去 北京 的 话，应该 去 万 里 长城。

4 "一边…，一边…"（yìbiān…, yìbiān…） 116

「…しながら、…する」
ふたつ以上の動作の同時進行を表す。

Wǒmen yìbiān tīng lùyīn, yìbiān xuéxí wàiyǔ.
我们 一边 听 录音，一边 学习 外语。

Tāmen yìbiān sànbù, yìbiān liáotiānr.
他们 一边 散步，一边 聊天儿。

Wǒ yìbiān kàn qìchē dǎoháng xìtǒng, yìbiān kāichē.
我 一边 看 汽车 导航 系统，一边 开车。

125

参考 "一…，就…"（yī…, jiù…）「…すると、すぐ…」 117

前後ふたつの動作や状況を関連付けたり、ある短い動作ですぐ結論や結果がでることを示す。

> Tā dàxué yí bìyè, jiù huíguó le.
> 他 大学 一 毕业，就 回国 了。
>
> Tā yì kǎowán shì jiù chūqu wánr.
> 他 一 考完 试，就 出去 玩儿。
>
> Tā yì nádàole jiàshǐ zhízhào, jiù mǎile chē
> 他 一 拿到了 驾驶 执照，就 买了 车。

参考 "连…也（都）"（lián…yě（dōu））「…でさえも…」 118

強調表現のひとつで、包含されるもののうち、極端な例を挙げて説明する。

> Lián xiǎoxuéshēng yě néng huídá zhège wèntí.
> 连 小学生 也 能 回答 这个 问题。
>
> Dàole wǎnshang, jiēshang lián rényǐng dōu kànbujiàn.
> 到了 晚上，街上 连 人影 都 看不见。
>
> Tā zuìjìn xuéxí hěn máng, lián xīngqītiān dōu bù xiūxi.
> 他 最近 学习 很 忙，连 星期天 都 不 休息。

参考 "与其…，不如…"（yǔqí…, bùrú…）「…というよりは、…」 119

ふたつの動作・行為を比較した後、いずれか一方を選ぶ場合、この構文を用いる。

> Yǔqí nǐ qù, hái bùrú wǒ qù.
> 与其 你 去，还 不如 我 去。
>
> Yǔqí dāizài jiāli, bùrú chūqu sànsan bù.
> 与其 待在 家里，不如 出去 散散 步。

鸡口牛后 jī kǒu niú hòu

練習 14

I 日本語に訳しましょう。

① 除了她以外，都不会说汉语。

② 虽然经营学很难，但是很有意思。（经营学：経営学）

③ 我一看课本，就头疼。

④ 我连看报的时间都没有。

⑤ 与其听广播，不如看电视。

⑥ 如果你去中国旅游，请带我去。

II 音声を聴いてピンインに四声符号をつけ、漢字（簡体字）で書きとりましょう。 🎧 120

① Ni chule da banqiu yiwai, hai you shenme aihao?（打棒球：野球をする）（爱好：趣味）

② Weile nadao guojia zige zhengshu, ta chule zai daxue shangke, hai qu zhuanmen xuexiao xuexi.（国家资格证书：国家資格の証明書）（专门学校：専門学校）

③ Wo lu butai shu, suoyi yibian kan qiche daohang xitong, yibian kaiche, kaide hen man.（熟：よく知っている）

④ Ta yi ting, jiu mingbai wo shuo de hua, ta de lijieli hen qiang.
（理解力：理解力）（强：強い）

127

❺ Yuqi zai jiali daizhe, buru chuqu sansan bu, kankan huacao shumu.
（待着：じっとしている、留まる）（花草树木：花と樹木）

❻ Ta bu xihuan chi la de, lian Riben de mapo doufu ye bu chi.
（麻婆豆腐：マーボー豆腐）

Ⅲ （　　）の漢字を書き、全体を日本語に訳しましょう。（　　）の上はその漢字のピンインです。

❶ 我 一 看 （　jiù　） 知道 了。

❷ 我 除了 喜欢 吃 蛋糕，（　hái　） 喜欢 做 蛋糕。

❸ 请 不要 （　yìbiān　） 吃 饭 （　yìbiān　） 看 手机。

❹ 路上 堵车 堵得 很厉害，与其 坐 公共汽车 去，（　bùrú　） 走着 去。
（堵车：渋滞）（厉害：ひどい、厳しい）

❺ 小张 （　lián　） 一句话 都 没 说 就 走 了。
（一句话：ひとこと）

❻ 我 （　chúle　） 星期二 以外，每天 都 有 课。

❼ （   Yàoshi   ）他 去 的 话，我 就 去。

❽ 虽然 这家店 的 菜 味道 不错，（   dànshì   ）服务员 不是 很 友好。（服务员：サービス要員、服務員）（友好：友好的な）

Ⅳ 正しい語順になるように並べ替えましょう。

❶ 自分で外国語を勉強するよりは、先生について習った方が良い。
（与其，外语，自己，学 ／ 不如，学，跟 老师）
yǔqí wàiyǔ zìjǐ xué   bùrú xué gēn lǎoshī

❷ 彼は性格が明るい以外に、他人を助けるのを好みます。（明朗、ほがらか：开朗）
（开朗，除了，他，性格 ／ 别人，帮助，还，喜欢）
kāilǎng chúle tā xìnggé   biérén bāngzhù hái xǐhuan

❸ 彼は休日も休まないので、私たちは彼の体の健康を心配しています。
（祝日、休日：节假日）（心配する：担心）
（连，都，不 休息，他，节假日 ／ 身体 健康，我们，他 的，很 担心）
lián dōu bù xiūxi tā jiéjiàrì   shēntǐ jiànkāng wǒmen tā de hěn dānxīn

❹ 自動翻訳に頼るより、まずは中国語の基本を身につけましょう。
（頼る：依赖）（自動翻訳：自动翻译）（基礎知識：基础知识）
（与其，翻译 软件，依赖 ／ 不如，中文基础，学习，知识，好好儿）
yǔqí fānyì ruǎnjiàn yīlài   bùrú Zhōngwén jīchǔ xuéxí zhīshi hǎohāor

❺ もしまた日本へ来られたら、私の家に遊びにきてください。
（如果，你，的话，日本，再来 ／ 我 家，来 玩儿，请 到）
Rúguǒ nǐ dehuà Rìběn zàilái   wǒ jiā lái wánr qǐng dào

新出語句

会話

kuòdà 扩大 [動] 拡大する。広がる。広げる。
shìyě 视野 [名] 見識。視野。
jiéjiāo 结交 [動] 付き合う。関係を結ぶ。
shuòshì 硕士 [名] 修士。マスター。
xuéwèi 学位 [名] 学位。
tīngshuō 听说 [動] 聞くところによると。
Chúle ... yǐwài 除了 ... 以外 [接] 1. …を除いて…である。2. …以外は皆…である。
yìbiān ... yìbiān ... 一边 ... 一边 ... [副] …しながら…する。

文法

běnshi 本事 [名] 能力。腕前。技量。
méiyǒu běnshi 没有本事 能力がない。
hòumén 后门 [名] 裏口。裏門。("走后门"：裏取引をする。裏口から入る)
yòng / gōng 用功 [動] 勉学に励む。[形] 勉強家である。まじめである。
chéngjì 成绩 [名] 成績。
chī yào 吃药 薬を飲む。
biéde 别的 [代] 別の。ほかの。
nèiháng 内行 [名] 玄人（くろうと）。
qítārén 其他人 そのほかの人。
wàiháng 外行 [名] 素人（しろうと）。
Běijīng kǎoyā 北京烤鸭 [名] 北京ダック。
Yàoshi ... dehuà 要是 ... 的话 ... [接] もし…ならば。仮定を表す。
pèng 碰 [動] 1. ばったり出会う。2. ぶつかる。
qíngkuàng 情况 [名] 情況。様子。状況。
bàn 办 [動] する。行う。処理する。
Wàn Lǐ Chángchéng 万里长城 [名] 万里の長城。
liáo / tiānr 聊天儿 [動] おしゃべりをする。雑談をする。
yī ... jiù ... 一 ... 就 ... …すると、すぐ。
bì / yè 毕业 [動] 卒業する。
jiàshǐzhízhào 驾驶执照 [名] 運転免許。
dǎoháng xìtǒng 导航系统 [名] カーナビ。(car navigation)
lián ... yě ... 连 ... 也 ... [接] …でさえも。
xiǎoxuéshēng 小学生 [名] 小学生。
jiēshang 街上 [名] 通り。街。(にぎやかな)大通り。
rényǐng 人影 [名] 人影。人の跡。
Yǔqí ... bùrú ... 与其 ... 不如 ... …というよりはむしろ…

練習

jīngyíngxué 经营学 [名] 経営学。
dǎ bàngqiú 打棒球 野球をする。
àihào 爱好 [名] 趣味。[動] 好きである。愛好する。
guójiā 国家 [名] 国。国家。
zīgé 资格 [名] 資格。
zhèngshū 证书 [名] 証明書。証書。
zhuānmén xuéxiào 专门学校 [名] 専門学校。
shú 熟 [形] よく知っている。熟知している。⇔"生"
lǐjiělì 理解力 [名] 理解力。

qiáng 强　[形] 強い。たくましい。
dāi 待（呆）　[動] 留まる。滞在する。
dāizhe 待着　じっとしている。留まる。
huācǎo shùmù 花草树木　花と樹木。
mápó dòufu 麻婆豆腐　[名] マーボー豆腐。
dǔchē 堵车　[動] 渋滞する。
zhīdao 知道　[動] わかる。理解する。
lìhai 厉害　[形] きつい。ひどい。激しい。程度が甚だしいこと。
yí jù huà 一句话　一言。
fúwùyuán 服务员　[名] サービス係。服務員。
yǒuhǎo 友好　[形] 友好的である。

kāilǎng 开朗　[形] 明朗である。広々としている。ほがらか。明るい。
jiéjiàrì 节假日　[名] 祝祭日と休日。休暇となる祝祭日。
dānxīn 担心　[動] 心配する。気に掛ける。
yīlài 依赖　[動] 依頼する。頼る。あてにする。依存する。
zìdòng fānyì 自动翻译　自動翻訳をする。
jīchǔ 基础　[名] 基礎。基本。
zhīshi 知识　[名] 知識。

語彙コラム

1 色彩について

赤	红色 hóngsè		青	蓝色 lánsè
黄色	黄色 huángsè		緑	绿色 lǜsè
紫	紫色 zǐsè		オレンジ	橙色 chéngsè
水色	浅蓝色 qiǎnlánsè		茶色	棕色 zōngsè
ピンク	粉红色 fěnhóngsè		灰色	灰色 huīsè
白	白色 báisè		黒	黑色 hēisè
金色	金色 jīnsè		銀色	银色 yínsè

2 文房具について

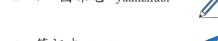 ボールペン　圆珠笔 yuánzhūbǐ　　 鉛筆　铅笔 qiānbǐ

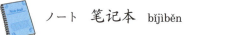 ノート　笔记本 bǐjìběn　　 消しゴム　橡皮 xiàngpí

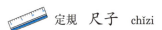 定規　尺子 chǐzi　　 ハサミ　剪刀 jiǎndāo

 カッター　美工刀 měigōngdāo　　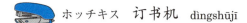 ホッチキス　订书机 dìngshūjī

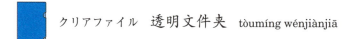 クリアファイル　透明文件夹 tòumíng wénjiànjiā

 付箋　浮签 fúqiān

ペン	笔 bǐ	シャーペン	自动铅笔 zìdòngqiānbǐ
蛍光ペン	荧光笔 yíngguāngbǐ	万年筆	钢笔 gāngbǐ
インク	墨水 mòshuǐ	筆箱	铅笔盒 qiānbǐhé
糊	胶水 jiāoshuǐ		

132

3 スポーツについて

陸上　田径　tiánjìng　　　　　　　体操　体操　tǐcāo
新体操　艺术体操　yìshù tǐcāo　　　水泳　游泳　yóuyǒng
アーティスティックスイミング　花样游泳　huāyàng yóuyǒng
野球　棒球　bàngqiú　　　　　　　ソフトボール　垒球　lěiqiú
バスケットボール　篮球　lánqiú　　サッカー　足球　zúqiú
卓球　乒乓球　pīngpāngqiú　　　　テニス　网球　wǎngqiú
バレーボール　排球　páiqiú　　　　柔道　柔道　róudào
剣道　剑道　jiàndào　　　　　　　レスリング　摔跤　shuāijiāo
スケートボード　滑板　huábǎn　　　スキー　滑雪　huáxuě
スノーボード　滑板滑雪　huábǎn huáxuě　　スケート　滑冰　huábīng
太極拳　太极拳　tàijíquán

4 身体名称について

① 首　脖子　bózi
② 腕　胳膊　gēbo
③ 手　手　shǒu
④ 腹　肚子　dùzi
⑤ 背中　背　bèi
⑥ 足　腿　tuǐ
⑦ 太もも　大腿　dàtuǐ
⑧ 膝(ひざ)　膝盖　xīgài
⑨ 足首から下の部分　脚　jiǎo
⑩ 踵(かかと)　脚后跟　jiǎohòugēn

133

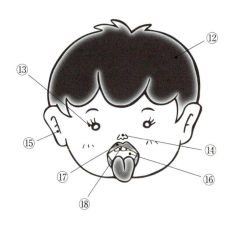

⑫頭　头　tóu

⑬目　眼睛　yǎnjing

⑭鼻　鼻子　bízi

⑮耳　耳朵　ěrduo

⑯口　嘴　zuǐ

⑰唇　嘴唇　zuǐchún

⑱歯　牙　yá，牙齿　yáchǐ

頭髪　头发　tóufa

舌　舌头　shétou

肩　肩膀　jiānbǎng

手の甲　手背　shǒubèi

（手足の）爪　指甲　zhǐjia

腰　腰　yāo

脛　小腿　xiǎotuǐ

足の甲　脚背　jiǎobèi

足の指の爪　脚趾甲　jiǎozhǐjia

顔　脸　liǎn

顎　颌　hé

肘　胳膊肘儿　gēbo zhǒur

手の指　手指　shǒuzhǐ

胸　胸　xiōng

尻　屁股　pìgu

土踏まず　脚心　jiǎoxīn

足の指　脚趾　jiǎozhǐ

134

5 家電・家具について

電話機	电话机 diànhuàjī	スマホ	智能手机 zhìnéngshǒujī
テレビ	电视机 diànshìjī	ラジオ	收音机 shōuyīnjī
カメラ	照相机 zhàoxiàngjī	ビデオカメラ	摄像机 shèxiàngjī
パソコン	电脑 diànnǎo	オーディオ機器	音响器材 yīnxiǎngqìcái
照明器具	照明器具 zhàomíng qìjù	冷蔵庫	冰箱 bīngxiāng
電気炊飯器	电饭锅 diànfànguō	クッキングヒーター	电磁炉 diàncílú
電子レンジ	微波炉 wēibōlú	食器洗浄機	洗碗机 xǐwǎnjī
電気洗濯機	洗衣机 xǐyījī	乾燥機	烘干机 hōnggānjī
電気掃除機	吸尘器 xīchénqì		
ロボット掃除機	机器人吸尘器 jīqìrénxīchénqì		
扇風機	电风扇 diànfēngshàn	エアコン	空调 kōngtiáo
空気清浄機	空气清洁器 kōngqìqīngjiéqì	ドライヤー	吹风机 chuīfēngjī
電気アイロン	电熨斗 diànyùndǒu		
スチームアイロン	蒸气熨斗 zhēngqì yùndǒu		
電気カミソリ	电动剃须刀 diàndòng tìxūdāo	机・テーブル	桌子 zhuōzi
椅子（背もたれあり）	椅子 yǐzi	腰かけ（背もたれなし）	凳子 dèngzi
ソファー	沙发 shāfā	ベッド	床 chuáng
クローゼット	衣橱 yīchú	書棚	书架 shūjià
食器棚	橱柜 chúguì		

語彙索引

数字は初出を表す。

A

ānpái	安排	手配する。手配。配置。	57
àihào	爱好	趣味。好きである。愛好する。	131

B

ba	吧	語気をやわらげる助詞。…しましょう。『わかりやすい入門中国語』P35参照。	57
bǎ	把	…を。(目的語を前にもってくる。主語＋把＋目的語＋動詞)	98
bǎi	百	百。	114
bǎi fēn zhī	百分之	百分の…。％（パーセント）。	114
bǎihuò dàlóu	百货大楼	デパート。	39
báisè	白色	白い。白色の。白い色。	47
bǎizài	摆在	…に並べる。	98
bāndedòng	搬得动	運ぶことができる。	83
bàn	办	する。行う。	65
bàn	办法	する。行う。処理する。	130
bànfǎ	办法	方法。やり方。	82
bāng	帮	手伝う。	56
bānzhǎng	班长	班長。クラスの長。ルーム委員長。	98
bān / jiā	搬家	引っ越す。	56
bānzǒu	搬走	引っ越す。移転する。	48
bāo	包	包む。作る。	114
bāo jiǎozi	包饺子	餃子作りをする、餃子を包む。	31
bàogào	报告	報告する。[名]報告。レポート。	57
bào	抱	抱く。	30
bēibāo	背包	リュックサック。	75
Běihǎidào	北海道	北海道。	91
Běijīngkǎoyā	北京烤鸭	北京ダック。	130
bèi kèwén	背课文	教科書の本文を暗記する。	106
bèi	被	…に…される。(受身・被害を表す)	106
běnshi	本事	能力。腕前。技量。	130
bǐ	比	…よりも。…に比べて。	91
bǐjiào	比较	わりと。比較的に。わりあいに。	66
bìxū	必须	必ず…ねばならない。	121
bì / yè	毕业	卒業する。	130
biànhuà	变化	変化。変化する。	121
biàndāng	便当	弁当。	75
bié	别	…するな。…してはいけない。禁止を表す。形ほかの。別の。	21
biéde	别的	別の。ほかの。	130
biéren	别人	ほかの人。他人。	98
bìng	病	病気。	121
bìngrén	病人	病人。	98
búcuò	不错	よい。悪くない。	40
búdàn...érqiě	不但…而且…	…であるばかりでなく、しかも…。	121
bùdéliǎo	不得了	ひどい。大変だ。(程度が)甚しいことを表す。	65
búduàn	不断	絶えず。しきりに。絶え間なく。	122
búguò	不过	しかし。でも。ただし。	21
bú huì	不会	1.…できない。2.…するはずがない。	22
bú rènshi	不认识	知らない。	121
búshì...ma	不是…吗	…ではないですか。	98
búyào kèqi	不要客气	遠慮しないで。	56
bù kěyǐ	不可以	…することができない。…できない。…することを許さない。…してはいけない。	22
bù shūfu	不舒服	具合が悪い。体調が悪い。	22

C

cǎidiàn	彩电	テレビ。	75
cānjiā	参加	参加する。	22
cāochǎng	操场	グラウンド。	48
chāyì	差异	差異。違い。	91
chà	差	足りない。欠ける。差がある。	39
cháng	尝	味をみる。	56
chángcháng	常常	いつも。よく。しばしば。	47
chàng / gē	唱歌	歌を歌う。	31
chēhuò	车祸	交通事故。	107
chéng	乘	× かける。	114

136

chéngjì	成绩	成績。	130
chéngyǔ	成语	成語。	56
chībudào	吃不到	品切れのために食べられない。	82
chī / fàn	吃饭	ご飯を食べる。食事をする。	39
chībuliǎo	吃不了	（量が多くて）食べきれない。	82
chībuqǐ	吃不起	値段が高くて食べられない。	82
chī yào	吃药	薬を飲む。	130
chōu / yān	抽烟	煙草を吸う。	21
chūchǎn	出产	生産する。	83
chū / mén	出门	出かける。外出する。	21
chú	除	÷ 割る。	114
chuān	穿	着る。はく。	30
chuān máoyī	穿毛衣	セーターを着る。	98
chuán	船	船。	48
chuānghu	窗户	窓。	30
chūchāi	出差	出張する。	48
chūfā	出发	出発する。出かける。	82
chūlai	出来	（話し手に向かってくる動作）出てくる。	74
chūqu	出去	（話し手から離れていく動作）出ていく。	74
chūshēng	出生	生まれる。生む。育つ。	39
chū / yuàn	出院	退院する。	106
chūzūchē	出租车	タクシー。	39
Chúle…yǐwài	除了…以外	1.…を除いて…である。2.…以外は皆…である。	130
chūntiān	春天	春。	91
cí	词	単語。	56
cōngmíng	聪明	利口である。聡明である。かしこい。	57
cóng	从	…から。	75
cónglái	从来	これまで。いままで。	39
cuī	催	うながす。催促する。急き立てる。	106
…cuò	错	（動詞の後ろに付く補語として）…し間違える。	56

D

dǎ	打	殴る。打つ。	121
dǎ bàngqiú	打棒球	野球をする。	131
dǎ / jià	打架	喧嘩をする。殴り合いをする。	75
dǎ / kāi	打开	1.開ける。開く。2.スイッチを入れる。	98
dǎ / léi	打雷	雷が鳴る。	21
dǎ májiàng	打麻将	麻雀をする。	31
dǎ pīngpāngqiú	打乒乓球	卓球をする。	91
dǎ wǎngqiú	打网球	テニスをする。	91
dǎsuan	打算	…する予定がある。…する計画がある。…するつもりだ。[名]計画。	39
dǎ zì	打字	字を入力する。タイプする。	48
Dàbǎn	大阪	大阪。	91
dàgài	大概	大体。おおよそ。	114
dàjiā	大家	みんな。	40
dàyǔ	大雨	大雨。豪雨。	106
dāi	待（呆）	留まる。滞在する。	131
dāizhe	待着	じっとしている。留まる。	131
dàifu	大夫	医者。	106
dài	带	連れる。携帯する。持つ。	21
dài	戴	1.付ける。身に着ける。携帯する。2.かぶる。のせる。	30
dānxīn	担心	心配する。気に掛ける。	131
dànshì	但是	しかし、でも。	22
dàngāo	蛋糕	ケーキ。	39
dāngrán	当然	もちろん。当然。	21
dǎoháng xìtǒng	导航系统	カーナビ。(car navigation)	130
dào	到	1.いたる。着く。2.（動詞の後ろに付く補語として）…に到達する。	39
dàoqí	到齐	みんなそろう。全員到着する。皆集合する。	74
dàoshuā	盗刷	スキミングする。	106
dào	道	料理を数える助数詞。	57
…de…	地	動詞を修飾する副詞を作る。…に。連用修飾語を作る。	122
de shíhou	的时候	…の時。	31
de	得	補語を導く助詞。	65
děi	得	…しなければならない。	

		…する必要がある。	65
dēngjī	登机	飛行機に搭乗する。	114
děng	等	待つ。	30
děngyú	等于	等しい。＝　イコール。	114
děngzhe	等着	待っている。	47
dī	低	低い。	56
dìtiě	地铁	地下鉄。	39
dìtú	地图	地図。	91
diǎnr	・(点儿)	点。（レートや小数点はアル化して読むことが多い。）	114
diànchē	电车	電車。	22
diàntī	电梯	エレベーター。	74
diànzǐ cídiǎn	电子词典	電子辞典。	47
diànzǐ yóujiàn	电子邮件	Eメール。	74
diànzǐ yóuxì	电子游戏	テレビや携帯電話で遊ぶゲーム。テレビゲーム。	22
dìng	定	決める。決定する。	98
dōngfāng	东方	東方。東。	74
Dōngjīng	东京	東京。	39
Dōngnán Yà	东南亚	東南アジア。	106
dōngtiān	冬天	冬。	91
dǒng	懂	（動詞の後ろに付く補語）…と理解する。…とわかる。	56
dúshēng zǐnǚ	独生子女	一人っ子。	91
dǔchē	堵车	渋滞する。	131
dùzi	肚子	お腹。	65
DùFǔ	杜甫	盛唐の詩人。	106
duànliàn	锻炼	鍛錬する。鍛える。トレーニングする。	30
duì	对	…に対して。…について。	121
…duì	对	（動詞の後ろに付く補語）正しく…する。…に対して。正しい。その通り。向かい合う。	82
duìdài	对待	対応する。扱う。[名]対応。	121
duìmiàn	对面	対面。向かい側。正面。	47
duìxiàng	对象	特定の交際相手。恋人。	121
duō tīng	多听	多く聴く。	82
duō xué	多学	多く学ぶ。	82

E

è	饿	お腹がすく。空腹である。ひもじい。	114
érqiě	而且	しかも。またその上。さらに。	66
ěrhuán	耳环	ピアス。イヤリング。耳飾り。	30
ěrjī	耳机	イヤフォン。イヤホン。	30

F

fā	发	送り出す。発送する。	114
fā diànzǐ yóujiàn	发 电子邮件	Eメールを送る。	114
fālai	发来	（メール、FAXなどを）送る。出す。	74
Fǎguó	法国	フランス。	22
Fǎyǔ	法语	フランス語。	22
fānchéng	翻成	…に訳す。…に翻訳する。	98
fǎnduì	反对	反対する。叱責する。	121
fāngbiàn	方便	便利である。都合が良い。ふさわしい。	74
fángzi	房子	家。家屋。	83
fàng	放	置く。	47
fàng hánjià	放寒假	冬休みになる。	75
fàng shūbāo	放书包	カバンを置く。	31
fàng / xīn	放心	安心する。	22
fēijī	飞机	飛行機。	39
fèndòu	奋斗	（目標に向かって）奮闘する。頑張る。力を尽くす。	121
fúwùyuán	服务员	従業員。サービス係。	131
fú	幅	絵を数える。…枚。	47
fúyuán	幅员	土地の広さ。領土の面積。	91
fùxí	复习	復習する。	40

G

gālífàn	咖哩饭	カレーライス。	48
gāi	该	…するべき。	83
…gānjìng	干净	（動詞の後ろに付く補語）きれいさっぱりする。清潔になる。きれいである。清潔である。さっぱりしている。	56

138

ピンイン	漢字	意味	ページ
gǎnbushàng	赶不上	間に合わない。	114
gǎnjǐn	赶紧	大慌てで。大急ぎで。慌てて。すぐに。早く。	74
gǎnkuài	赶快	すぐ。すばやく。はやく。	40
gǎndòng	感动	感動する。	106
gǎn xìngqu	感兴趣	関心を持つ。興味を持つ。	121
gǎnrǎn	感染	感染する。伝染する。	122
gāngqín	钢琴	ピアノ。	21
gāo	高	高い。優れている。	91
gēge	哥哥	兄。	31
gēcí	歌词	歌詞。	82
gèdì	各地	各地。	91
gěi	给	…に。与える。あげる。	114
gēn shāngliang	跟…商量	…と相談する。	107
gèng	更	さらに。もっと。より一層。	91
gōnggòngqìchē	公共汽车	（路線）バス。	39
gōngsī	公司	会社。	47
gōngyuán	公园	公園。	47
gōngzuò	工作	仕事。	106
gǒu	狗	犬。	31
gūniang	姑娘	娘。少女。	56
guà	挂	掛かる。かける。	47
guà Zhōngguóhuà	挂中国画	中国画を掛ける。	31
guàlì	挂历	（壁にかける）カレンダー。	47
guàzhe	挂着	掛かっている。	47
guān	关	1.スイッチを消す。2.閉じる。⇔开	30
guāng	光	ただ…だけ。（動詞の後ろに付く補語）すっかりなくなる意味を表す。…し尽くす。	56
guǎngchǎng	广场	広場。	66
Guǎngdōngcài	广东菜	広東料理。	91
Guǎngzhōu	广州	広州（広東省）。	22
guì	贵	1.値段が高い。2.貴重である。	65
guójiā	国家	国。国家。	131
guóqí	国旗	国旗。	47
guò	过	1.過ごす。過ぎる。2.…したことがある。（過去の経験を表す。）	21
guò / lai	过来	やってくる。（話し手に向かってくる動作）やってくる。	74
guò rìzi	过日子	生活する。日々やりくりする。日常を過ごす。	21
guòqu	过去	通り過ぎていく。	74
guò yíhuìr	过一会儿	まもなく。しばらくしたら。	40
gǔshíhou	古时候	昔。	106
gùshi	故事	お話、物語。	57

H

ピンイン	漢字	意味	ページ
Hā'ěrbīn	哈尔滨	ハルビン（黒竜江省）。	22
háishi	还是	それとも。	47
háishi	还是	やはり。依然として。	82
hǎibiān	海边	海辺。	21
hǎixiān	海鲜	海鮮。	114
hài / xiū	害羞	恥ずかしがる。きまりが悪い。はにかむ。	121
hánjià	寒假	冬休み。	39
Hánguócài	韩国菜	韓国料理。	91
Hànzì	汉字	漢字。	30
...hǎo	好	（動詞の後ろに付く補語）良く…する。きちんと…する。	56
hǎochī	好吃	（食べて）美味しい。	91
hǎode	好的	よろしい。（了解・承諾を表す）	56
hǎohāor	好好儿	よく。ちゃんと。しっかりと。	121
hǎoxiàng	好像	まるで…のようである。	57
hē jiǔ	喝酒	酒を飲む。	21
hébì	何必	書面語。どうして…する必要があろうか、そうする必要はない。（反語の意を表す）	98
hé	盒	小箱に入ったものを数える。	75
hēisè	黑色	黒い色。	48
hěn duō shì	很多事	多くのこと。たくさんのこと。	47
hóng	红	赤い。	30
hóngchá	红茶	紅茶。	47
hòumén	后门	裏口。裏門。（"走后门"：裏取引をする。裏口から	

139

pinyin	汉字	日本語	頁
		入る）	130
hòutiān	后天	明後日。あさって。	47
huācǎo shùmù	花草树木	花と樹木。	131
huāpíng	花瓶	花瓶。	47
huār	花儿	花。	74
huárén	华人	中華系の人々。華人。	57
huárénjiē	华人街	チャイナタウン。中華街。	57
huá / bīng	滑冰	スケートをする。名 スケート	91
huá / xuě	滑雪	スキーをする。	39
huà	画	描く。	30
huà huàr	画画儿	絵を描く。	30
huàr	画儿	絵。絵画。	30
huānyíng	欢迎	歓迎する。歓迎。	21
huàn yīfu	换衣服	洋服を換える。洋服を着替える。	30
huí	回	帰る。戻る。	39
huí / jiā	回家	家に帰る。家に戻る。帰宅する。	40
huídá	回答	答える。回答する。回答。	56
huídácuò	回答错	答え間違える。	57
huílai	回来	（話し手に向かってくる動作）戻ってくる。帰ってくる。	74
huíqu	回去	（話し手から離れていく動作）戻っていく。	74
huìlǜ	汇率	兌換率。為替レート。為替相場。	114
huì	会	1.…できる。（学習して修得した技術）ができる。2.…のはずである。3.…の可能性がある。動 1.できる。2.会う。⇔不会	21
hútu	糊涂	わけがわからない。愚かである。頭が混乱している。ぼんやりしている。	30

J

pinyin	汉字	日本語	頁
jīchǔ	基础	基礎。基本。	131
jí / gé	及格	合格する。試験に受かる。	114
jígélǜ	及格率	合格率。	114
jíshì	急事	急用。	82
jítǐzhào	集体照	集合写真。	74
jì	记	記憶する。覚える。記録する。	56
jì / zhù	记住	きちんと覚える。記憶として定着させる。	56
jìrán...jiù...	既然…就…	…である以上…。…であるからには。	121
jìchéng	继承	受け継ぐ。継承する。相続する。	121
jiā	加	加える。たす。	114
jiā / bān	加班	残業する。	106
jiālirén	家里人	家族。家の人。	39
jiāyè	家业	家業。世襲の職業。家産。	121
jiàqián	价钱	値段。	121
jià shǐ zhí zhào	驾驶执照	運転免許。	130
jiǎn	减	－　引く。	114
jiǎn	剪	切る。	21
...jiàn	见	（動詞の後ろに付く補語）…に見える。…に感じる。…と認める。	56
jiàn / miàn	见面	会う。…と会う。"跟…见面"。★"见面他"とは言わない。	106
jiānglái	将来	将来。	66
jiāogěi	交给	…に渡す。	98
jiāojiē	交接	1.引き継ぐ。2.連絡する。	106
jiāo	教	教える。	21
jiǎozi	饺子	ギョーザ。	39
jiào	叫	…に…される。	106
jiàoshì	教室	教室。	74
jiē	接	出迎える。	22
jiēshang	街上	通り。街。（にぎやかな）大通り。	130
jiéjiàrì	节假日	祝祭日と休日。休暇となる祝祭日。	131
jiémù	节目	プログラム。出し物。番組。	91
jiéguǒ	结果	結果。結局。	82
jiéhūn	结婚	結婚する。結婚。	65
jiéjiāo	结交	付き合う。関係を結ぶ。	130
jiějué	解决	解決する。	22
jiè	借	借りる。	75
jièdedào	借得到	借りることができる。	83

pinyin	中文	日本語	頁
jiè / yì	介意	気にする。気に掛ける。	65
jiè / jiǔ	戒酒	お酒を止める。禁酒する。	121
jiè / yān	戒烟	煙草を止める。禁煙する。	121
jīnróng lèi	金融类	金融業界。	121
jǐn	紧	余裕がない。ゆとりがない。きつい。	106
jǐnjǐn	仅仅	ただ…だけ。わずか。	65
jìn	进	1. 入る。進む。 2.（動詞の後につく補語）移動を表す。	74
jìnlai	进来	（話し手に向かってくる動作）入ってくる。	74
jìnbù	进步	進歩。進歩する。	56
jìnqu	进去	（話し手から離れていく動作）入っていく。	74
Jīngdū	京都	京都。	39
jīngjì	经济	経済。	121
jīngjì wēijī	经济危机	経済危機。	31
jīngyíng	经营	経営。経営する。	121
Jīngyíngxué	经营学	経営学。	131
jiùhùchē	救护车	救急車。	107
jiùhuó le	救活了	助けて生き返らせた。助けた。救助した。	106
jiùshì... yě...	就是…也…	たとえ…でも。	121
jìxù	继续	続ける。継続する。	74
jùtǐ	具体	具体的な。	121
juānkuǎn	捐款	金を寄付する。寄付金。	122
juédìng	决定	決める。決定する。	106

K

pinyin	中文	日本語	頁
kǎlāOK	卡拉OK	カラオケ。	65
kāi	开	1. スイッチを入れる。つける。 2. 開ける。開く。⇔关	30
kāi / chē	开车	車を運転する。	21
kāi / huì	开会	会議を開く。	30
kāilǎng	开朗	明朗である。広々としている。明るい	131
kāishǐ	开始	はじまる。開始する。	39
kāi wánxiào	开玩笑	冗談を言う。	21
kāixīn	开心	愉快である。楽しい。	82
kànbujiàn	看不见	見ることができない。見えない。	82
kànchéng	看成	…と見なす。	98
kànfǎ	看法	見方。考え。	91
kànkan	看看	ちょっと見る。（動詞を重ねて「ちょっと…する」）	56
kànlái	看来	みたところ…のようだ。	82
kànshū	看书	勉強する。本を読む。	31
kànwán	看完	見終わる。読み終わる。	56
kǎo	考	試験する。答えさせる。	65
kǎo / shàng	考上	（試験に）合格する。受かる。	57
kǎoshì	考试	試験。テスト。	22
kǎohuǒjī	烤火鸡	ロースト・ターキー。ロースト・チキン。	39
kèren	客人	お客さん。	31
kètīng	客厅	客間。応接間。	31
kèqi	客气	遠慮する。気を使う。丁寧である。	56
kěyǐ	可以	大丈夫。よろしい。悪くない。…できる。…してかまわない。（許容範囲にある）	21
kōng / shǒu	空手	何も持たない。手ぶらで。	98
kòngr	空儿	暇。空いた時間。	56
kùzi	裤子	ズボン。	65
kuàdù	跨度	支点間距離。スパン。	91
kuài	快	スピードが速い。速く。急いで。⇔慢	40
kuàile	快乐	楽しい。うれしい。愉快な。	56
kuàiyào...le	快要…了	まもなく…になる。もうすぐ…だ。	39
kuàizi	筷子	箸。はし（食事に使う）。	47
kuòdà	扩大	拡大する。広がる。広げる。	130

L

pinyin	中文	日本語	頁
lāmiàn	拉面	手打ち麺。ラーメン。	48
là	辣	疲れる。	22
láibují	来不及	間に合わない。	82
láibuliǎo	来不了	来ることができない。	82
láidejí	来得及	間に合う。	82
láideliǎo	来得了	来ることができる。	82
lánsè	蓝色	青。青い。藍色の。	30
lǎojiā	老家	故郷。ふるさと。	75

拼音	汉字	解释	页码
Lǎo Wáng	老王	王さん。("王"は中国人の姓)	31
Lǎo Yáng	老杨	楊さん。("老"は自分より年上の人に親しみを込める。"楊"は中国人の姓)	31
Lǎo Zhào	老赵	趙さん。("趙"は中国人の姓)	106
lèi	累	疲れる。	57
Lǐ Bái	李白	李白。(盛唐の詩人)	106
lǐjiělì	理解力	理解力。	131
lǐmào	礼貌	礼儀正しい。	121
lǐtáng	礼堂	講堂。ホール。	74
lǐwù	礼物	プレゼント。贈り物。	74
lìhai	厉害	きつい。ひどい。激しい。程度が甚だしいこと。	131
Lìli	莉莉	莉莉。(人名。)	107
lián... yě...	连…也…	…でさえも。	130
Liánhéguó	联合国	国連。国際連合。United Nations。	57
liàn	练	練習する。	65
liànlian	练练	ちょっと練習する。(動詞を重ねて、ちょっと…するの意味を表す)	65
liángkuai	凉快	涼しい。爽やかである。	91
liàng	辆	…台。…両。	47
liáokuò	辽阔	果てしなく広い。広々としている。	91
liáotiānr	聊天儿	おしゃべりをする。雑談をする。	130
líng	零	ゼロ。	114
lìngwài	另外	それから。そのほか。	121
línshī	淋湿	びっしょり濡れる。	106
liúgǎn	流感	インフルエンザ。	122
liúlì	流利	なめらかである。流暢である。	65
lóu	楼	1. ビル。建物。2. …階。(建物の階数)	65
lóutī	楼梯	階段。	74
lǚxíng	旅行	旅行。旅行する。	48
Lùyīn	录音	録音。	98
lùshang	路上	道。路上。	48
lǚyóu	旅游	旅行。観光する。	121

M

拼音	汉字	解释	页码
májiàng	麻将	マージャン。	39
mápó dòufu	麻婆豆腐	マーボー豆腐。	131
mǎshàng	马上	すぐに。さっそく。ただちに。	65
mà	骂	罵る。	121
mǎibudào	买不到	(品切れで)買うことができない。	82
mǎibuqǐ	买不起	(値段が高くて)買うことができない。	82
mài guāng	卖光	売り切る。売り切れる。	57
mǎnfēn	满分	100点。	66
mǎnyì	满意	満足である。	122
mànhuà	漫画	漫画。	30
mànmānr	慢慢儿	ゆっくりと。だんだん。	66
mángsǐ	忙死	ひどく忙しい。死ぬほど多忙。	57
māo	猫	ネコ、猫。	48
máoyī	毛衣	セーター。	30
méi wèntí	没问题	問題がない。	21
méiyǒu běnshi	没有本事	能力がない。	130
méiyǒu... nàme	没有…那么	…ほど…ではない。	91
měiyuán	美元	米ドル。	114
mén	门	ドア。出入口。	30
ménkǒu	门口	出入口。玄関。	47
mèng xiǎng chéng zhēn	梦想成真	夢が現実になる。夢が叶う。	121
mǐ	米	メートル。m。	22
mìmǎ	密码	暗証番号。パスワード。	98
miàn	面	…枚。	47
miànjī	面积	面積。	91
miànlín	面临	…に面する。直面する。	31
míngpái	名牌	ブランド。	83
míngbai	明白	わかる。理解する。はっきりしている。わかる。	98
mótuōchē	摩托车	オートバイ。バイク。	48
mòbānchē	末班车	終電。最終バス。最終の時間の乗り物。	114
mùbiāo	目标	目標。ターゲット。	121

N

拼音	汉字	解释	页码
ná	拿	手にもつ。	47

náshǒu	拿手	得意である。上手である。	98
názǒule	拿走了	持って行く。持って去った。持って行ってしまった。	106
nǎtiān	哪天	どの日。いつの日か。	114
nàme	那么	それでは。それなら。	91
nà shù huā	那束花	その花。("束"は助数詞)	98
nǎge / něige	哪个	どれ。どの。	91
nǎr	哪儿	どこ。="哪里"	39
Nàiliáng	奈良	奈良。	39
nánběi	南北	南北。	91
nánbian	南边	南側。	65
nánguó	南国	南の国。中国の南方。	83
nán	难	難しい。困難である。	65
nándào...ma	难道…吗	まさか…ではあるまい。（反語の意を表す）	98
nèiháng	内行	玄人（くろうと）。	130
néng	能	…できる。（能力・可能性を表す）能力・条件・周囲の事情からみて許容される。動できる。	21
niàncuò	念错	読み間違える。	56
nín kàn	您看	ほら。ちょっと。（相手に注意をうながす。）	98
niúnǎi	牛奶	牛乳。	47
Niǔyuē	纽约	ニューヨーク。	91
nǔ / lì	努力	努力する。	56
nǔlì	努力	努力する。頑張る。	121
nǔpéngyou	女朋友	カノジョ。	57

P

pá	爬	登る。	74
pà	怕	恐れる。恐怖を感じる。怖がる。心配する。	21
pà sǐ	怕死	死ぬのが怖い。死ぬのを恐れる。	21
pāi	拍	撮影する。撮る。録画する。	21
pāi / zhào	拍照	写真を撮る。	21
páijià	牌价	外国為替レート。公定相場。	114
pài	派	派遣する。遣わす。	106
pǎo	跑	走る。駆ける。逃げる。	47
pèng	碰	1.ばったり出会う。2.ぶつかる。	130
pīpíng	批评	批評する。批判する。批評。批判。	106
píqi	脾气	1.気質。性質。気性。2.かんしゃく。	130
piān	篇	…編。	56
piàoliang	漂亮	きれいである。美しい。	66
píng'ān	平安	平穏無事である。平安である。"平平安安"AABB型形容詞。	122
píngbǎn diànnǎo	平板电脑	タブレット。	30
píngshí	平时	いつも。日頃。普段。	66

Q

qīmò kǎoshì	期末考试	期末試験。	39
qíshí	其实	その実。実のところ。	65
qítārén	其他人	そのほかの人。	130
qí	骑	オートバイ・自転車・馬などに（またがって）乗る。	48
qí / chē	骑车	自転車に乗る。	39
qíjìnlai	骑进来	（自転車、バイクなどに）乗って入ってくる。	74
qǐ / chuáng	起床	起床する。	66
qǐfēi	起飞	離陸する。	114
qǐlai	起来	（上向きの動作）…しはじめる。	74
qìchē	汽车	自動車。	47
qìfēn	气氛	気分。雰囲気。空気。	82
qìhòu	气候	気候。天候。情勢。	91
qiān	千	千。	114
qiānxū	谦虚	謙虚である。謙遜する。遠慮する。	65
qiánmiàn	前面	前。	47
qiántiān	前天	おととい。一昨日。	39
qiáng	墙	壁。塀。	47
qiáng	强	強い。たくましい。	131
qiángshang	墙上	壁。壁の上。	47
qīnzì	亲自	自ら。自分で。	98
Qīngdǎo píjiǔ	青岛啤酒	青島ビール。（山東省の名産）	75
qīngdàn	清淡	あっさりしている。	106
...qīngchu	清楚	（動詞の後ろに付く補語）	

143

		あきらかになる。すっきりする。形 はっきりする。あきらかである。動 あきらかにする。わかる。	56
qǐng	请	1.依頼する。頼む。 2.おごる。ごちそうする。招待する。 3.どうか。どうぞ…してください。	106
qíngkuàng	情况	情況。様子。情況。	130
qiú	球	玉。ボール。	98
qùbuliǎo	去不了	行くことができない。	82
qùdeliǎo	去得了	行くことができる。	82
qúnzi	裙子	スカート。	30

R

ràng	让	…に…される。	106
rè	热	暑い。	91
rénmínbì	人民币	人民元。	114
rényǐng	人影	人影。人の跡。	130
rēng	扔	投げる。ほうる。	98
rìyuán	日元	日本円。	65
rìzi	日子	暮らし。生活。	21
róngyì	容易	やさしい。容易である。	74
rúguǒ	如果	もし…ならば。	21

S

sān shuāng xié	三双鞋	靴三足。	48
sǎnwén	散文	散文。エッセイ。	56
shāndǐng	山顶	山頂。	74
shānshuǐhuà	山水画	山水画。	47
shāngdiàn	商店	商店。	75
shāngliang	商量	相談する。	48
shàng / bān	上班	出勤する。⇔下班	47
shàng / chē	上车	乗車する。	40
Shànghǎi	上海	上海。	39
shànglai	上来	(話し手に向かってくる上向きの動作) 上がってくる。	74
shànglóu	上楼	建物の上の階に上がって行く。階上へ上がる。	74
shàngqu	上去	(話し手から離れていく上向きの動作) 上がっていく。	74

shàngsi	上司	上司。	106
shàng / xué	上学	通学する。学校に行く。	47
shàng / wǎng	上网	インターネットに接続する。ネットにアクセスする。	30
shéi	谁	だれ。どなた。だれか。	39
shēng	升	登る。上がる。	74
shēngcí	生词	新出語彙。新しい語句。	82
shēnghuó	生活	生活。生活する。暮らす。	57
Shèngdàn Jié	圣诞节	クリスマス。	39
shēntǐ	身体	体。身体。	22
shénme shíhou	什么时候	いつ	39
shīrén	诗人	詩人。	106
shǐ	使	…させる。	106
shì…de	是…的	…したのです。(過去の強調を表す)	39
shìjiè	世界	世界。ワールド。	121
Shìjièbēi	世界杯	ワールドカップ。	39
shìpín	视频	動画。ビデオ。	21
shìyě	视野	見識。視野。	130
shǒu	手	手。	31
shǒujī hàomǎ	手机号码	携帯番号。	98
shǒushù	手术	手術。	121
shǒuxiě	手写	手書きする。手書き。	48
shōu	收	収める。受け取る。しまう。	56
shōu / dào	收到	受け取る。手にする。	57
Shǒu'ěr	首尔	ソウル。大韓民国の首都。	91
shū	书	本。書籍。	30
shūdiàn	书店	書店。本屋。	39
shú	熟	よく知っている。熟知している。	131
shuài	帅	カッコいい。	130
shuāng	双	ふたつでワンセットのものを数える。…足。	48
shuǐguǒ	水果	果物。	74
shuǐjiǎo	水饺	水餃子。	114
shuǐpíng	水平	レベル。水準。	56
shuìlǜ	税率	税率。	114
shuìbuhǎo jiào	睡不好觉	よく眠ることができない。あまりよく眠れない。	98
shuō / huà	说话	話す。しゃべる。	21
shuōhuàrén	说话人	話者。話し手。	66
shuòshì	硕士	修士。	130

pinyin	漢字	意味	頁
Sīmǎ	司马	司馬。("司馬"は中国人の姓)	74
sǐ	死	1. 死ぬ。亡くなる。2. (動詞の後ろに付く補語) 程度が甚だしいこと。	21
Sìchuāncài	四川菜	四川料理。	91
sòngdào	送到	…まで送る。…まで届ける。	98
sùshè	宿舎	宿舎。寮。	48
suīrán dànshì	虽然…但是…	…だけれども、しかし…。	91
suǒ	锁	鍵をかける。	98

T

pinyin	漢字	意味	頁
tái	台	…台。	75
táifēng	台风	台風。	21
Táiwāncài	台湾菜	台湾料理。	106
tàijíquán	太极拳	太極拳。	39
tàiyáng	太阳	太陽。	74
tán	弹	(楽器を) 弾く。	21
tán gāngqín	弹钢琴	ピアノを弾く。	21
téng	疼	痛い。	65
tī	踢	蹴る。けとばす。	66
tíqián	提前	事前に。あらかじめ。早める。繰り上げる。	82
tiānqì	天气	天気。	91
tiānqì yùbào	天气预报	天気予報。	30
tiāo	挑	選ぶ。選択する。	56
tiáo	条	…匹。(犬や細長いものを数える。)	31
tiáozi	条子	メモ。	98
tīng	听	聞く。聴く。	56
tīngshuō	听说	聞くところによると。	130
tīng / dǒng	听懂	聞いてわかる。聞き取れる。	82
tīngbudǒng	听不懂	聞いて理解できない。聞いてわからない。	82
tīngdedǒng	听得懂	聞いて理解できる。耳で聴いてわかる。	82
tīng xīnwén	听新闻	ニュースを聞く。	30
tíng	停	停まる。停止する。止む。止める。	48
tíng / chē	停车	停車する。車を停める。	21
tíngchēchǎng	停车场	駐車場。	98
tóngxué	同学	クラスメート。学友。同窓生。	65
tóngyì	同意	同意する。	82
tōu	偷	盗む。	106
tōule	偷了	盗んだ。	106
tóufa	头发	髪。	21
tóuténg	头疼	頭が痛い。	22

W

pinyin	漢字	意味	頁
wàiháng	外行	素人(しろうと)。	130
wàiyǔ	外语	外国語。	82
…wán	完	(動詞の後ろに付く補語) …し終わる。…し終える。	56
wánquán	完全	まったく。すべて。完全に。完全である。そろっている。	91
wánr	玩儿	遊ぶ。	22
wǎn	晚	(時間が) 遅い。遅れる。⇔早	65
wǎnfàn	晚饭	夕御飯。晩御飯。	30
wǎnhuì	晚会	夜のパーティー。夜の集い。	65
wàn	万	万。	114
WànLǐ chángchéng	万里长城	万里の長城。	130
wǎngqiú	网球	テニス。	83
wàng	忘	(うっかり) 忘れる。覚えていない。忘れる。	65
wàngbuliǎo	忘不了	忘れることができない。	82
wàngzài	忘在	…に忘れる。	98
wēijī	危机	危機。	31
wèidao	味道	味。味わい。	39
wēnnuǎn	温暖	温暖である。暖かい。温かい。	91
wèn	问	尋ねる。	57
wèntí	问题	問題。質問。事故。	22
wǒ gěi tā	我给他…	私は彼に…する。("给"は前置詞「…に」の意味で、後ろに動詞を伴う。) 参考(動)"我给他这个。"私は彼にこれをあげる。"给"は二重目的語をとる動詞。与える。手渡す。)	31
wǔ píng	五瓶	5本。	75
Wǔhàn	武汉	武漢(湖北省)。	91
wǔhuì	舞会	ダンスパーティー。	21

wùjià	物价	物価。価格。	57
wūlóngchá	乌龙茶	ウーロン茶。	48

X

Xībānyáyǔ	西班牙语	スペイン語。	21
xīwàng	希望	希望する。望む。	56
xī / yān	吸烟	タバコを吸う。	22
xǐhuan	喜欢	好きである。好む。愛する。	48
xiàcì	下次	今度。次回。	114
xià dàyǔ	下大雨	大雨が降る。	21
xià ge yuè	下个月	来月。⇔上个月	48
xià ge xīng qī	下个星期	来週。	39
xià / kè	下课	授業が終わる。⇔上课	47
xiàlai	下来	（話し手に向かってくる下向きの動作）下がってくる。	74
xiàqu	下去	1.（話し手から離れていく下向きの動作）下がっていく。2.…し続ける。	74
xiàwǔ	下午	午後。	47
xià xuě	下雪	雪が降る。	22
xià / yǔ	下雨	雨が降る。	21
xiàzài	下载	ダウンロードする。	98
xiàtiān	夏天	夏。サマー。	91
Xiàwēiyí	夏威夷	ハワイ。	47
xiànchǎng	现场	現場。その場。現地。	82
xiànr	馅儿	あん。（餃子の具、中身）	114
xiāofèishuì	消费税	消費税。	114
xiāohuà	消化	消化。	66
xiǎo	小	若い。年下である。小さい。少ない。小柄である。	91
xiǎoháir	小孩儿	子ども。	30
xiǎohuángdì	小皇帝	小さな皇帝。	91
xiǎoxuéshēng	小学生	小学生。	130
Xiǎo Lín	小林	林さん。（"林"は中国人の姓）	74
Xiǎo Yáng	小杨	楊さん。（"楊"は中国人の姓）	106
Xiǎo Zhāng	小张	張さん。（"小"は自分より年下の人に親しみを込める。"张"は中国人の姓）	47
xiāngxìn	相信	信用する。信ずる。	83
Xiānggǎng	香港	香港。	48
xiǎngfǎ	想法	考え方。意見。	91
xiāoxi	消息	知らせ。情報。ニュース。	98
xiǎoshuō	小说	小説。ノベル。	21
xiào	笑	笑う。	75
xiàoménkǒu	校门口	校門。	47
xiěbuchūlái	写不出来	書くことができない。	82
xiěcuò	写错	書き間違える。	56
xiědechūlái	写得出来	書くことができる。	82
xīnguàn bìngdú	新冠病毒	新型コロナウイルス。COVID-19。	122
xīnnián	新年	新年	56
xīnwén	新闻	1.ニュース。報道記事。2.ニューストピック。	30
xìn	信	手紙。	114
xìnyòngkǎ	信用卡	クレジットカード。	106
Xīngjiāpō	新加坡	シンガポール。	39
xíng	行	良い。了解した。わかった。（相手の言うことに同意する。）	114
xíngli	行李	荷物。	106
xìngfú	幸福	幸福である。幸せである。	65
xìnggé	性格	性格。パーソナリティー。	66
Xú lǎoshī	徐老师	徐先生。（"徐"は中国人の姓）	74
xuǎnshǒu	选手	選手。	66
xuǎnwéi	选为	…を選ぶ。…を選挙する。	98
xuéhǎo	学好	ちゃんとマスターする。きちんと学ぶ。（"好"は結果補語）	56
xuéwèi	学位	学位。	130
xuéxiào	学校	学校。	39

Y

yānhuǒ	烟火	花火。	83
yǎnjìng	眼镜	メガネ。眼鏡。	30
yāoqiú	要求	要求する。求める。	106
yào / mìng	要命	ひどい。大変。（程度が甚だしいことを表す）	65
yàoshi...dehuà	要是…的话…	もし…ならば。仮定を表す。	130
yàoshi	钥匙	鍵。カギ。	56
yěxǔ	也许	もしかしたら。	22
yī...jiù...	一…就…	…すると、すぐ…	130

yìbiān...yìbiān...	一边…一边…	…しながら…する。		130
yíbiàn	一遍	一度。一回。		57
yíbùfen	一部分	一部分。		82
yìdiǎnr	一点儿	少し。ちょっと。		22
yídìng	一定	必ず。きっと。あるレベルの。		121
yì duǒ huā	一朵花	一輪の花。		31
yì fú shānshuǐhuà	一幅山水画	山水画一枚。		47
yí jù huà	一句话	一言。		131
yíkuàir	一块儿	いっしょに。		21
yí liàng zìxíngchē	一辆自行车	自転車一台。		47
yìqǐ	一起	一緒に。＝一块儿		21
yíxià	一下	ちょっと…する。		56
yìxiē	一些	少し。		74
yíyàng	一样	同じである。…みたいだ。		82
yīfu	衣服	洋服。衣服。		30
yīshēng	医生	医者。		106
yīyuàn	医院	病院。		98
yīlài	依赖	依頼する。頼る。あてにする。依存する。		131
yíhàn	遗憾	残念である。遺憾に思う。心残りである。		121
yǐzi	椅子	椅子。		47
yìgōng	义工	活動。		122
yīnyuèhuì	音乐会	音楽会。コンサート。		22
yīnggāi	应该	…すべきである。…しなければならない。		40
Yīngwén	英文	英語。英文。		21
yǐnxíng yǎnjìng	隐形眼镜	コンタクトレンズ。		30
yòngcuò	用错	使い間違える。		56
yòng / gōng	用功	勉学に励む。勉強家である。まじめである。		130
yǒngyuǎn	永远	永遠に。		98
yóujú	邮局	郵便局。ポストオフィス。		65
yóunì	油腻	脂っこい。		106
yóu	游	泳ぐ。		22
yóu / yǒng	游泳	泳ぐ。水泳をする。泳ぎ。水泳。		21
yǒuhǎo	友好	友好的である。		131
yǒude	有的	あるもの。ある人。		83
yǒudiǎnr	有点儿	少し。ちょっと。(好ましくないことにマイナスの意味に多く用いる。)		21
yǒu jīngshen	有精神	元気である。		66
yǒuqù	有趣	面白い。		98
yǒushíhou	有时候	時に。たまに。		48
yǒu yìsi	有意思	面白い。⇔没意思		57
yòu	又	また。さらに。		75
yuǎn	远	遠い。		21
yuè...yuè...	越…越…	…すればするほど、ますます…。		56
yúkuài	愉快	愉快である。楽しい。		106
Yǔqí... bùrú...	与其…不如…	…というよりはむしろ…		130
yùxí	预习	予習する。		82
yǔnxǔ	允许	許す。許可する。		106

Z

zázhì	杂志	雑誌。		21
zài	再	1.再び。さらに。もっと。2.今度。また。3.…してから…する。		57
zài	在	…している。(動詞の前に置いて動作の進行を表す) 存在する。ある。…にいる。…に。…で。		30
...zài	在	(動詞の後ろに付く補語) …に。…で。(場所を表す)		56
zǎo	早	(時間が) 早い。		65
zǎodiǎnr	早点儿	早く。早めに。少し早く。		65
zǎoqǐ	早起	早く起きる。早起きする。		65
zěnme	怎么	1.どうして。なぜ。2.どうやって。どのように。(方法・手段を尋ねる)		39
zěnmeyàng	怎么样	どのようですか。どうですか。		30
zhāng	张	…枚。		91
zhǎng	长	成長する。育つ。		130
zhǎng	涨	上がる。上昇する。溢れる。高くなる。		57
zháo / jí	着急	慌てる。焦る。心配する。		22
zhǎo	找	1.探す。2.訪ねる。探しに行く。		30
zhǎodào	找到	見つかる。		56
zhàopiàn	照片	写真。		40

147

ピンイン	中国語	日本語	ページ
zhào / xiàng	照相	写真を撮る。	21
zhàoxiàngjī	照相机	カメラ。写真機。	74
zhe	着	…している。動作の進行・状態の持続を表す。	30
zhè běn shū	这本书	この本。この（一冊）の書籍。	30
zhè jiàn shì	这件事	このこと。（"件"は助数詞）	98
zhèxiē	这些	これら。"些"は複数を表す。	106
zhè zhāng dìtú	这张地图	この地図。（"张"は助数詞）	91
zhème	这么	こんなに。このように。	122
zhēn	真	本当に。真に。	21
zhèng	正	まさに。ちょうど。	30
zhèngshū	证书	証明書。証書。	131
zhèngzài	正在	ちょうど…している。	30
zhīdao	知道	わかっている。知っている。理解する。知る。わかる。	131
zhīshi	知识	知識。	131
zhǐ	只	ただ…だけ。わずか。	65
zhǐyào... jiù...	只要…就…	…しさえすれば、すぐ…	121
zhǐyǒu...cái...	只有…才…	…、ただ…だけが。…してはじめて…。	121
Zhōngwén	中文	中国語。中国文学。	21
zhòng	重	重い。重さ。	83
Zhōu	周	周。（中国人の姓）	106
zhūròu	猪肉	豚肉。	114
...zhù	住	（動詞の後ろに付く補語）きちんと定着させる。固定する。安定する。	56
zhùbuxià	住不下	住むことができない。住めない。	83
zhùzài	住在	…に住む。	56
zhuānmén xuéxiào	专门学校	専門学校。	131
zhuānyè	专业	専門。専攻。	91
zhuàng	撞	ぶつかる。出会う。	106
zhǔn	准	許す。許可する。	106
zhǔnbèi	准备	1.準備する。2.…するつもりである。…する予定である。	57
zhǔnbèihǎo le	准备好了	ちゃんと準備した。	57
zhuōzi	桌子	机。テーブル。	47
zīgé	资格	資格。	131
zīliào	资料	資料。データ。	106
zìdòng fānyì	自动翻译	自動翻訳をする。	131
zìxíngchē	自行车	自転車。	47
zì	字	字。文字。語。	65
zǒngshi	总是	いつも。しょっちゅう。	82
zǒu	走	去る。離れる。	47
zǒuzhe lái	走着来	歩いてくる。	39
zuǐ / tián	嘴甜	口がうまい。（マイナスの意味）	114
zuòwén	作文	作文。	56
zuòyè	作业	宿題。作業をする。	30
zuò	坐	1.乗る。2.座る。腰掛ける。	21
zuò	座	建物を数える助数詞。	91
zuò	做	作る。する。	57
zuò / cài	做菜	料理を作る。	66
zuòbuchéng	做不成	することができない。やることができない。	83
zuòbuwán	做不完	やり終えることができない。	82
zuòcuò	做错	やり間違える。し間違える。	57
zuòdewán	做得完	やり終えることができる。	82
zuòwán	做完	し終わる。やり終わる。	82
zúqiú bǐsài	足球比赛	サッカーの試合。	39

わかりやすい基礎中国語

著　者
日本大学教授　鈴木　基子
元亜細亜大学教授、日本大学講師　関口　勝
亜細亜大学、日本大学講師　本間　直人
駒澤大学、日本大学講師　光吉さくら

2024. 9.20　初版発行

発行者　上野名保子

発行所
〒101-0062　東京都千代田区神田駿河台3の7
電話　東京03（3291）1676　FAX 03（3291）1675
振替　00190-3-56669番
E-mail：edit@e-surugadai.com
URL：http://www.e-surugadai.com

株式会社　駿河台出版社

㈱フォレスト

ISBN978-4-411-03169-3　C1087　￥2500E